LES THÉATRES

DE BORDEAUX.

BORDEAUX. — IMPRIMERIE DE J. DELMAS, SUCCESSEUR DE P. FAYE,

Rue Sainte-Catherine, 139.

LOUIS
Architecte du Théâtre de Bordeaux.

LES

THÉATRES

DE BORDEAUX,

suivis de

QUELQUES VUES DE RÉFORME THÉATRALE;

PAR L. LAMOTHE.

BORDEAUX,

P. CHAUMAS, LIBRAIRE-ÉDITEUR,

Fossés du Chapeau-Rouge, 34.

1853.

MONSIEUR DE MENTQUE,

Préfet du département de la Gironde

MONSIEUR LE PRÉFET,

Il n'y a que bien peu de temps encore que la confiance du pouvoir central vous a placé à la tête de l'administration du département de la Gironde, et je prends la liberté de mettre cet opuscule sous votre patronage. C'est que votre bienveillance vous a immédiatement converti tous les esprits, et surtout ceux des personnes en rapport fréquent d'affaires avec vous ; c'est aussi parce que votre goût éclairé pour les arts, non moins que votre expérience et vos lumières administratives, vous rendent excellent juge des questions que je traite, mais dont, au surplus, je n'ai pas la prétention d'avoir donné la solution dernière. Je désire seulement appeler sur de graves matières l'attention des hommes sérieux ; et ce but sera sûrement atteint, puisque vous avez bien voulu agréer cette dédicace.

Je suis, avec respect,

Monsieur le Préfet,

Votre très-humble et très-dévoué serviteur.

L. LAMOTHE.

Bordeaux, le 27 Septembre 1853.

LES

THÉATRES

DE BORDEAUX

Dans l'ordre civil, le théâtre est, après l'école publique et la presse, l'institution qui agit le plus activement sur l'état des mœurs et de la civilisation; c'est donc une de celles qui devraient le mieux profiter au progrès de la moralité publique, au perfectionnement du goût, au développement de l'esprit de progrès. Ce n'est pas encore le moment de rechercher si ce but est aujourd'hui toujours rempli, ou par quelles réformes il serait plus sûrement atteint. Il suffit qu'il puisse être entrevu par la pensée pour qu'il doive faire l'objet de nos persévérants efforts; l'autorité publique, la force collective de la société, doit dès-lors intervenir en faveur de ces institutions pour leur prêter aide et protection; le philosophe, aussi bien que l'artiste, doit s'intéresser à leur sort.

Pour parler des monuments qui ont été consacrés à Bordeaux à divers genres de spectacles, nous ne remonterons point aux mystères du moyen-âge. Nous nous bornerons à répéter avec Molière : « Que la comédie, chez les anciens, a pris son origine de la religion et faisait partie de leurs mystères; que les Espagnols, nos voisins, ne célèbrent guère de fêtes où la comédie ne soit mêlée; que, même parmi nous, elle doit sa naissance aux soins d'une confrérie à qui appartient encore aujourd'hui (1667) l'hôtel de Bourgogne, à Paris; que c'est un lieu qui fut donné pour y représenter les plus importants mystères de notre foi; qu'on en voit encore des comédies imprimées en lettres gothiques sous le nom d'un docteur de Sorbonne; et, sans aller chercher si loin, que l'on a joué de notre temps (1667) des pièces saintes de M. de Corneille, qui ont été l'admiration de toute la France. » (1).

Les études classiques devaient amener rapidement la rénovation des théâtres, et des écoles devaient sortir les premiers linéaments de l'art moderne. Au collége de Guienne, les tragédies latines composées par Buchanan, de Guérente, de Muret, à l'imitation des anciens, avaient pour interprètes les élèves même de ce collége. Un de ses chefs les plus célèbres, André de Gouvéa, donnait, au xvme siècle, tous ses soins à ces représentations; et, parmi les jeunes acteurs, se faisait alors remarquer celui qui bientôt allait être une des plus hautes illustrations de son pays, un des plus

(1) Préface de *Tartufe*.

grands philosophes du siècle, un des plus hardis pen-
seurs de l'humanité : Montaigne, âgé de onze ans, jouait
les premiers rôles de la tragédie ; lui-même nous
l'apprend dans quelques lignes, trop intéressantes, à
notre point de vue, pour que nous ne les reproduisions
pas (1).

« Avant l'aage,

Alter ab undecimo tum me vix ceperat annus (2),

i'ay soustenu les premiers personnages ez tragédies latines de Buchanan, de Guerente et de Muret, qui se
representerent en nostre college de Guienne avecques
dignité : en cela, Andreas Goveanus (3), nostre principal, comme en toutes aultres parties de sa charge, feut
sans comparaison le plus grand principal de France ;
et m'en tenait on maistre ouvrier. C'est un exercice
que je ne mesloue point aux ieunes enfants de maison ;
et ay veu nos princes s'y addonner depuis en personne,
à l'exemple d'aulcuns des anciens, honnestement et
louablement : il estoit loisible mesme d'en faire mestier
aux gents d'honneur, et en Grèce : *Aristoni tragico
actori rem aperit : huic et genus et fortuna honesta*

---

(1) *Essais*, t. I, p. 187; éd. Lefèvre, demi-compacte, 1836.
(2) *A peine étais-je alors dans ma douzième année.*
$\hspace{4cm}$ Virg., *Églog.* VIII, 59.
(3) André de Gouvéa, né à Béjà, en Portugal, vers la fin du xvᵐᵉ
siècle, fut nommé principal du collége de Guienne, à Bordeaux, en
1534. Il le dirigea pendant treize ans, et ne le quitta que pour l'uni-
versité de Coïmbre, où il mourut en 1548. Il n'a point laissé d'ouvrages. Aussi le jurisconsulte, Antoine de Gouvéa, son frère, est-il
beaucoup plus célèbre que lui. $\hspace{1cm}$ J. V. L. (*Victor Leclerc*).

*erant; nec ars, quia nihil tale apud Græcos pudori est,
ea deformabat* (1); car i'ay tousiours accusé d'imper-
tinence ceulx qui condamnent ces esbattements ; et
d'iniustice ceulx qui refusent l'entree de nos bonnes
villes aux comédiens qui le valent, et envient au peuple
ces plaisirs publicques. Les bonnes polices prennent
soing d'assembler les citoyens et de les r'allier, comme
aux offices sérieux de la dévotion, aussi aux exercices
et ieux ; la société et amitié s'en augmente ; et puis on
ne leur sçaurait conceder des passetemps plus reglez
que ceulx qui se font en presence d'un chascun, et à
la veue mesme du magistrat : et trouveroy raison-
nable que le prince, à ses despens, en gratifiast quelquefois la commune, d'une affection et bonté comme
paternelle ; et qu'aux villes populeuses il y eust des
lieux destinez et disposez pour ces spectacles ; quelque
divertissement de pires actions et occultes. »

A peine sommes-nous entré en matière, et il ne
s'agit encore que de jeux d'écoliers, que va se présenter
à nous la censure : le 16 janvier 1544, le Parlement de
Bordeaux, ouï maître Puchabelier, roi de la basoche,
lui fait inhibition et défense de représenter le jeu qu'il
avait joué, les jours passés, dans les maisons privées,
ni de donner aucun jeu en particulier et en public
qu'il n'ait été vu auparavant par la Cour (2).

(1) Il découvra son projet à l'acteur tragique Ariston. C'était un
homme distingué par sa naissance et sa fortune, et son art ne lui
ôtait point l'estime de ses concitoyens ; car il n'a rien de honteux
chez les Grecs.   (Tite-Live, XXIV, 24).
(2) Une défense analogue avait été faite, en 1538, par le Parlement de Paris aux clercs de la basoche de cette ville.

Cette citation établit, d'abord, qu'alors la censure était dévolue au Parlement. Lorsque le suffrage populaire n'existait pour aucune fonction, lorsqu'on n'avait nulle notion de l'élection par en bas, mais que tout dérivait d'en haut, comme la lumière du soleil, nul doute, en effet, que le droit de censure ne fût placé fort convenablement dans les attributions du corps le plus élevé de l'État.

Il résulte encore du passage cité que le roi de la basoche avait un théâtre public, et qu'en outre, il se transportait avec sa troupe dans les maisons particulières pour donner des représentations. Mais quel était le genre des pièces jouées? En quoi consistait ce spectacle? Quel était le lieu des représentations publiques? Toutes questions auxquelles on ne saurait répondre. Bien qu'assez rapprochés de nous, les premiers moments de notre scène sont couverts d'un voile épais; longtemps l'institution ignora ses destinées et resta enveloppée de langes. On ne trouve un théâtre régulièrement organisé que lorsque les jurats le prirent sous leur protection, en lui donnant, pour ainsi dire, droit d'asile dans l'Hôtel-de-Ville même. Cet établissement subit même alors de nombreuses variations; et il faut arriver au splendide monument de l'architecte Louis, pour trouver un établissement stable, en rapport avec les goûts de luxe et les idées des temps modernes. C'est donc de ce dernier théâtre que nous nous occuperons spécialement dans ce court travail, nous bornant forcément, sur les essais antérieurs, à quelques notes rapides.

I

ANCIENS THÉATRES

1° *Théâtre de la rue Montméjean, près le couvent des Petits-Carmes.* — Un grand nom ouvrira encore cet article : Molière joua sur cette scène en 1645 (1). Il composa notamment, selon ses biographes, pendant son séjour à Bordeaux, la *Thébaïde*, pièce qui n'a pas été conservée. Comme tous les théâtres de province de cette époque, celui-ci n'était desservi, en thèse ordinaire, que par des troupes ambulantes. Le 4 mars 1701, les jurats autorisèrent des représentations sur ce théâtre par des acteurs de la troupe royale. Il fut incendié le 14 juillet 1716, et réédifié, l'année suivante, par son ancien propriétaire, le sieur Barbarin, à l'aide du produit d'une loterie qui permit aux jurats de lui accorder une subvention de 25,000 fr.

2° *Théâtre de la rue du Chai-des-Farines.*—Consumé par le feu le 14 janvier 1731, à la suite d'une représentation du *Festin de Pierre*.

3° *Théâtre de la Mairie.* — Projet délibéré par les jurats, le 9 décembre 1724. La salle fut d'abord cons-

(1) *Histoire du Théâtre-Français*, t. X.

truite en bois, dans la cour de la Mairie, au bout du pont de l'hôtel commun, en face de l'ancienne place de mai, en février 1735, par les soins de la demoiselle Dujardin. Il coûta 5,500 fr., selon délibération des jurats, du 25 août 1735, et dut rester à la ville, après cinq années de jouissance par la directrice. Il fut remplacé en 1739, selon délibération du 7 juin 1738, par une construction en pierre. Érigée selon le projet de l'architecte Montaigut, cette salle, contenant 1,500 spectateurs, fut incendiée le 28 décembre 1755 (1).

Une salle de concerts, située rue des Ayres, vis-à-vis les Feuillants, ayant été incendiée le 12 novembre 1740, le théâtre de la Mairie l'avait remplacée jusqu'au moment de l'ouverture de la salle dont nous allons parler.

4° *Salle des Concerts, fossés de l'Intendance.* — Elle servit à son tour de salle de théâtre pendant trois ans, à partir du milieu de l'année 1756, c'est-à-dire après l'incendie du théâtre de la Mairie. En l'an VII, on l'appropria de nouveau en théâtre, et celui-ci devint aussi la proie des flammes le 18 février 1803.

5° *Théâtre-des-Variétés, près la Porte-Dauphine.*—Entrepris vers 1756, par le sieur Gayetan-Camagne, peintre, après l'incendie du théâtre de la Mairie et selon conventions arrêtées par les jurats, le 7 mai 1756 ; fermé à l'ouverture du Grand-Théâtre, le 7 avril 1780 ; restauré en 1790 ; démoli en septembre

---

(1) Nous avons publié le plan de ce théâtre dans le *Compte-rendu des travaux de la Commission des monuments et documents histo- riques et des bâtiments civils*, 1849, p. 14.

1799, et remplacé par le Théâtre-Français, érigé de 1793 à 1800, par l'architecte Dufart, sur l'emplacement voisin du couvent des Récolets.

6° *Théâtre de l'Ambigu comique.* — Établi vers 1775, dans la salle de réunion, dite du Colysée, par Belleville, dans le quartier qui a conservé son nom, et transféré en 1777 sur le cours de Tourny (1); supprimé en 1792.

7° *Théâtre Molière, rue du Mirail.* — Ouvert le 29 avril 1792, dans l'ancienne église Saint-Jacques, ayant appartenu aux jésuites; fermé après une durée de cinq ans. Une troupe s'y installa de nouveau après 1830, et y joua pendant deux ans environ.

8° *Théâtre de la Montagne* ou *Théâtre-Mayeur, fossés des Carmes.* — Ouvert pendant l'hiver de 1793, après la démolition du couvent des Carmes et la vente parcellaire de ce terrain.

9° *Théâtre de l'Union, allées de Tourny.* — Ouvert le 10 juin 1795; il a subsisté pendant un an environ.

10° *Théâtre de la Gaîté, allées de Tourny, près le café Moreau.* — Ouvert le 12 avril 1801; incendié le 12 mars 1802. Reconstruit peu après, en 1806, par les soins du directeur Cortay-Bojolay, sur le même emplacement. Fermé en 1810, par suite de la réduction à deux du nombre des théâtres de cette ville, prononcée par la loi du 8 juin 1806. Ouvert néanmoins de nouveau en 1816, et incendié le 15 décembre 1819.

---

(1) *Requête au Roi et à Nosseigneurs en son Conseil*, in-4°, 7 pages. — Paris, P.-G. Simon, 1778.

11° *Théâtre de la Banlieue.* — En 1834, quatre théâtres où se jouait le vaudeville se formèrent aux barrières de Tivoly, de Brienne, de Saint-Genès et de La Bastide. L'acteur Sevestre avait réalisé un projet semblable à Paris ; c'était la même idée importée à Bordeaux. Un public nombreux se portait à ces théâtres. Si donc, comme on nous l'assure, ils donnèrent de tristes résultats financiers, cela ne peut être dû qu'à des désordres de gestion ou à d'autres causes accessoires. Toujours est-il que leur durée fut très-limitée, et ne s'étendit pas au-delà de quelques mois.

12° *Comédie bourgeoise et salle de l'Athénée.* — Ce qui se passait, selon Montaigne, au collége de Guienne, était inspiré non-seulement par le goût de la population bordelaise pour les représentations scéniques, mais par ce qui se passait dans la haute société privée. En voici une preuve fournie par le récit d'un anonyme sur la comédie bourgeoise qui se jouait dans cette ville vers 1717. Nous regrettons que l'auteur de cette lettre ne soit pas connu.

« Je vous tiens parole, Monsieur, et vais vous rendre compte de la suite du projet dont je vous ai parlé. Désabusez-vous, car il a lieu, et ne dites plus que, connaissant Bordeaux, vous doutez du succès. Franchement, j'étais de votre avis, et peu s'en est fallu que nous n'ayons eu raison.

» Ce n'est plus dix ou douze personnes, comme je vous l'ai marqué : il y a six jolies, jeunes et aimables femmes, et vingt cavaliers, qui ont formé une Société pour jouer la comédie. Cette compagnie est composée tout au mieux ; en conséquence, elle a cherché à prendre ce plaisir de la façon qui convient à son état, tant pour la décence du lieu que le choix des personnes devant qui on jouerait. On a voulu faire un fonds suffisant pour que la salle fût bien, mais très-bien. La Société a réglé ensuite la dépense pour le jour de la représentation; on a nommé, parmi les cavaliers, ceux qui feraient les honneurs de la salle, pour que les personnes invitées fussent contentes, non-seulement du spectacle, mais encore des politesses qu'elles recevraient.

» On décida, qu'afin que cela eût l'air compagnie, on porterait dans toute la salle des rafraîchissements, et qu'on ne négligerait rien de tout ce qui pourrait flatter les personnes invitées; il fut réglé ensuite qu'il n'y aurait aucune femme ou demoiselle, sans que le mari, père ou mère, ne fût de la Société; qu'à l'égard de ceux-ci, qui ne pourraient ou ne voudraient jouer, ils seraient regardés comme associés, et qu'ils fourniraient également aux frais. Chacun consentit et fut charmé de l'arrangement projeté.

» Grande joie fut dans cette aimable Société de voir tout concilié si bien et si vite, d'autant plus qu'il fallait que tant de sujets fussent trouvés parmi des personnes qui se voyaient. C'était la condition des dames, et ce qui faisait désespérer de l'exécution du projet; car enfin il faut de la figure, de la jeunesse, de la mémoire, de l'esprit et de l'envie de se donner de la peine, d'autant plus qu'une condition très-expresse était qu'on ne ferait point de suite à cet amusement, si l'on n'était pas certain que tout allât bien.

» Les choses en cet état, on courut aux rôles, afin de juger au plus tôt des talents: on les sait dans quatre jours; on persécute pour une répétition, et, tout amour-propre à part, on décide que ce sera charmant. En effet, il est étonnant de trouver dans une Société de quoi jouer si parfaitement; il n'y a plus qu'un cri dans la troupe : Quand jouera-t-on? Mais où jouera-t-on? Songez donc que nous ne pourrons représenter que pendant le carnaval ; mais faites donc réflexion que deux de nos dames sont enceintes et déjà avancées ? Rien de si comique que d'entendre la bruyante assemblée parler à la fois et témoigner autant de joie que d'impatience.

» On nomme : pour directeur et directrice-générale, M. l'Intendant, Mme la comtesse de Bellade ; pour trésorier, M. le Grand-Prévôt ; pour inspecteurs du théâtre : MM. le marquis de Salegourde , de Lansac ; pour inspecteurs de la salle et faire les honneurs aux personnes invitées : MM. le comte de Rolly, le comte de Pontac, de Tourny fils, de Razins , le chevalier de Bouran.

» Voilà donc les choses avancées ; la Société a envoyé faire part de tout ceci à leur directeur et directrice par six d'entre eux , et demander si on ne pouvait pas jouer dans une des salles de la Mairie.

» M. de Tourny et Mme la comtesse de Bellade furent charmés de la qualité que leur donnait cette aimable Société. M. l'Intendant promit la salle de la Mairie , et dit d'aller cependant la demander à MM. les Jurats.

» A l'instant, les dames députèrent MM. de Tourny fils, le chevalier de Bouran, de Razins et le grand-prévôt, pour aller dans l'Hôtel-de-Ville même demander à ces messieurs la salle en question. Elle leur fut accordée ; et les quatre députés prièrent , au nom des dames , le corps de ville de venir prendre part au plaisir qu'elles comptaient donner.

» Voilà tout le monde très-content : trente ouvriers sont employés ; tout se fait à la fois : théâtre, salle, loges ; peintre , serrurier, menuisier ; c'était un enfer, bien plus par les hommes et les dames de la troupe que par les ouvriers. On voulait tout voir ; chacun s'y croyait absolument utile. Ordre enfin du directeur et de la directrice-générale de laisser les ouvriers maîtres du lieu.

» En très-peu de temps , voilà la salle en état et le jour fixé. On s'assure du nombre des personnes qu'on peut in-

inviter, pour qu'on y fût commodément; en conséquence, on donne des billets, et toute la troupe décide d'envoyer (malgré la première invitation) des billets à MM. les Jurats.

» Comme M. de Monteau, jurat, était agrégé et faisait partie de la Société, il fut décidé que rien ne pourrait être plus agréable à ces messieurs que de recevoir l'invitation par un de leurs confrères.

» Mais le diable se mêle de tout. Le croirez-vous, Monsieur? Tant d'attention de la part d'une compagnie, si bien composée, fut prise en mauvaise part et de la façon la plus surprenante. Les jurats dirent qu'ils n'en avaient que faire; que c'était chez eux qu'on était, et qu'ils avaient droit d'y aller, puisque c'était une assemblée publique.

» Là, M. de Monteau leur dit : Messieurs, comme ayant l'honneur d'être de la compagnie des dames, je puis vous assurer que c'est un supplément de politesse qu'on a compté faire; et, puisque je m'en suis chargé, c'est une preuve que je suis certain de leurs bonnes intentions. Mais, Monsieur, répondit le jurat, si nous voulions donner ces billets à nos enfants, ils n'entreraient donc pas? Non-seulement ils entreraient, répondit le député, mais encore mesdames vos épouses.

» Après longs débats, le conseil résolut de renvoyer les billets. M. de Monteau demanda si on donnerait des archers de la ville, comme il est d'usage dans les assemblées ordinaires; cela fut refusé, à moins qu'il ne fût trouvé bon que les jurats fussent reçus sans billets. Alors on demanda si réellement on pouvait faire cette réponse; on donna les noms des personnes qui composaient cette compagnie, ce qui était connu de toute la ville; le jurat, qui se trouvait de cette société, observa que c'était pour l'après-midi qu'on jouerait et que le temps pressait : toujours pareil refus.

» Enfin, voilà les dames instruites des circonstances. On envoya à M. l'Intendant, qui écrit à l'instant aux jurats qu'il lui revient un bruit qu'il ne saurait croire, que des dames de condition de la ville, comptant prendre un plaisir dans la salle de la Mairie, en seraient empêchées par eux ; et que, s'il y a des raisons, qu'on lui en rende compte.

» Pendant que tout ceci se passait, on apprend que MM. les Jurats avaient dit qu'on n'avait pas besoin de billets, puisque quatre personnes de la compagnie avaient été les prier d'*honorer* le spectacle de leur présence. Par parenthèse, on prétend que le jurat, qui avait présenté les quatre personnes en question, leur dit qu'il croyait devoir à la compagnie, où il avait l'honneur d'être admis, la justification d'un pareil propos, qui ne convenait qu'aux troupes qui courent les villes ; mais que ces messieurs avaient dit, de la part des dames, qu'elles comptaient que MM. les Jurats viendraient *prendre part du plaisir* qu'elles donneraient.

» A tout cela, beau train dans la Société, comme vous devez penser. Autre inconvénient : les jurats ayant dit qu'ils avaient droit d'entrer comme magistrats de police, il n'est plus trouvé décent (et c'était vrai) que la compagnie jouât. Pas une dame ne voulut seulement en entendre parler ; les hommes s'offensent également, qu'étant assemblés entre eux et ayant invité, au nom des dames, quatre-vingt-quatre personnes (car la salle ne tient que cela), qu'on voulût traiter ceci d'endroit public. Il était trois heures après midi, on devait jouer à cinq. Bientôt ce bruit court dans la ville : quatre heures sonnent, les dames priées arrivent ; jugez si l'on fut charmé des jurats, de voir troubler un plaisir comme celui-là ? On eut beau faire, point de garde ; le bruit était même qu'on empêcherait de jouer ; et, si la représentation eut lieu, ce ne fut que sur l'assurance que M. l'Intendant donna aux dames, qu'une société comme la leur serait toujours respectée par tout le monde, qu'assurément elles ne seraient pas empêchées de jouer, qu'il y aurait le plus grand ordre, et que lui-même ne souffrirait pas que monsieur son fils jouât dans un lieu qui serait regardé comme public et où la police aurait droit de venir.

» Enfin, voilà la troupe rassurée : M. l'Intendant attendit patiemment six heures ; et croyant qu'il n'était pas prudent de laisser plus de cent personnes sans une garde, il fit mettre quatre cavaliers de la maréchaussée. Les dames résolurent de laisser toujours à la porte les neuf billets de MM. les Jurats, pour leur être présentés s'ils continuaient à penser qu'ils devaient honorer le spectacle de leur présence ; elles ajoutèrent que dans le cas où ces messieurs les refuseraient, et insisteraient pour entrer, d'ouvrir les portes ; mais l'ordre était donné aux valets de chambre qui gardaient celle de la salle de spectacle, de les avertir, parce qu'on baisserait la toile à l'instant, et que l'on se retirerait.

» Nous voilà enfin à la comédie : les jurats ne se présentèrent point ; tout se passa au mieux, et il est impossible de vous rendre la façon dont joua cette troupe charmante.

» Il n'y avait pas un acteur ni une actrice médiocre ; oui, c'est incompréhensible, et l'on aurait cru voir des gens consommés au théâtre ; les spectateurs ne cessaient de louer ; à chaque instant, c'était une nouvelle surprise. Je ne vous parlerai pas de l'ornement de la salle, ni des politesses infinies que reçurent les spectateurs ; on en sortit enchanté à tous égards ; vous savez comment cette troupe est composée ; ainsi cela devait être.

» Parbleu, voilà une belle relation que je vous fais : elle paraîtrait, sans vous dire les pièces qu'on a jouées ! Et connaissant cette Société, vous seriez désespéré d'ignorer les noms de ceux qui ont si bien rempli les rôles. Je vais donc me mettre en règle.

» On donna le *Philosophe marié* et la *Pupille*.

ACTEURS DE LA PREMIÈRE PIÈCE.

Le Philosophe marié.	M. le marquis de Salegourde.
Damon.	M. de Lansac.
Le marquis de Lauret.	M. le chevalier de Bouran.
Géronte.	M. le chevalier de Tourny.
Lisimon.	M. Pick.

Melitte. . . . . Mᵐᵉ la comtesse de Rolly.
Celiante. . . . . Mᵐᵉ Molinet.
Finelle. . . . . Mᵐᵉ Laborde.
Un Laquais. . . . . M. le Grand-Prévôt.

ACTEURS DE LA SECONDE PIÈCE.

La Pupille. . . . . Mᵐᵉ de Lansac.
La Soubrette. . . . . Mᵐᵉ Laborde.
Le Tuteur. . . . . M. Laborde.
Le Marquis. . . . . M. de Razins.
L'Oncle. . . . . M. Pick.

» Vous voudriez bien savoir ce qu'ont fait les jurats : ma foi ce sera une autre fois, car le courrier me presse; on dit cependant qu'ils se sont assemblés matin et soir pour cette importante affaire; on fait courir le faux bruit qu'ils écrivent à la Cour contre M. l'Intendant; on ajoute qu'ils ont tenu registre de tout ceci et ont couché par écrit les noms des quatre députés qui ont été en jurade demander la salle et les inviter de venir aux représentations. Ils disent aussi que le jurat de la Société de cette aimable troupe les avait assurés, que non-seulement les enfants de MM. les Jurats pouvaient entrer avec les billets en question, mais encore mesdames leurs épouses.

» Il y a apparence que c'est une très-mauvaise plaisanterie qu'on veut leur faire; car, si cela est, on les bernerait de se plaindre après tant de politesses reçues.

» Vous connaissez la province; ainsi jugez des propos! Pour moi qui ne suis ni intendant ni jurat, je vous manderai tout franchement la suite de cette grande affaire. »

Nous ne pouvons énumérer toutes les salles, tous les salons privés transformés temporairement en théâtres, pour y jouer la comédie bourgeoise; mais nous devons une mention particulière à la salle de l'Athénée, qui reçut cette destination de M. Goëthals, son propriétaire, l'un des fondateurs de l'ancien Muséum d'histoire naturelle de Bordeaux, membre de l'Académie de Bordeaux. Ce Muséum avait son siége sur les allées de Tourny, n° 19 : là se trouvaient des salons de lecture, de belles collections d'antiques et d'histoire naturelle. Ce fut le prélude aux œuvres municipales que nous avons sous les yeux. Cet ami éclairé des arts avait aussi formé à la même époque, en 1804, une magnifique collection de tableaux, qui ont été vendus à sa mort, en 1839. Une vaste salle rectangulaire, ornée de peintures à fresques, fut disposée dans son habitation, rue Mably, n° 28, par les soins de l'habile architecte Combes, pour recevoir ces toiles. C'est ce local que le même M. Goëthals fit approprier, en 1823, en théâtre, par les soins de M. Lafargue, architecte (1).

(1) Une idée de même genre inspira M. le comte de Cluzel, ancien intendant de M. le prince de Bourbon, lorsqu'il fonda le *Bazar bordelais* (a). Comme M. Goëthals, il a échoué, et des sommes fort importantes ont été englouties dans cette dernière entreprise. C'est que des conceptions de cette nature ne peuvent être menées à bonne fin qu'entreprises par les villes, aux dépens des deniers publics ; alors elles font le lustre des cités qui ont su s'imposer des sacrifices, dont elles sont bientôt remboursées sous mille formes.

La même réflexion peut être faite au sujet d'une autre construction due au même M. de Cluzel, laquelle n'a pas eu un sort plus heureux ; nous voulons parler de l'Etablissement de Bains, de la Buanderie et des Moulins à vapeur de Saint-Nicolas-de-Graves, à Bordeaux. Fondé en 1834, cet établissement a disparu en 1841, non

(a) Voir : 1° *Société d'exploitation du Bazar bordelais* (Bord., lith. de Faye, 1835, in-folio) ; 2° *Appel à la justice du public* (Bord., Simard, in-8°, 4 pages).

Des théâtres bourgeois de Bordeaux sont sortis des talents qui ont honoré la scène française : en première ligne, Ligier et Lafont.

sans avoir occasioné, comme le précédent, de lourdes pertes à ses actionnaires. Vendu à vil prix et acquis par l'administration de la guerre, ce bâtiment a été approprié, d'une manière fort heureuse, en Hôpital militaire. Dans ces deux circonstances, M. de Cluzel, inspiré de bonnes et grandes pensées, s'est trompé sur le caractère des œuvres qu'il peut être donné à un simple particulier de réaliser.

La ville de Bordeaux n'eût-elle pas dû se présenter, en ces deux circonstances, aux enchères, et faire l'acquision de ces bâtiments, pour perpétuer leur utile destination? La loi du 3 février 1851 a pour but de procurer la fondation des bains et de lavoirs publics. Malgré le bénéfice des subventions de l'État, promises par cette loi, il y eût eu certainement avantage à profiter d'une création déjà faite, et qu'il eût fallu seulement agrandir.

M. de Cluzel est mort en 1853.

THÉATRE ÉRIGÉ PAR LOUIS

I.

Choix de l'Emplacement.

Les troubles occasionés à Bordeaux, en 1675, par la levée de nouveaux impôts sur le tabac, le papier timbré, le contrôle, la marque de l'étain et des métaux, avaient amené l'arrêt du Conseil-d'État, du 24 novembre 1675, lequel, dans le but de maîtriser le vieil esprit gaulois des Bordelais, ordonna l'agrandissement du château Tropeyte et la démolition de nombreuses habitations privées, dont l'emplacement devait servir à donner plus de développement à l'esplanade de ce fort. Le temple antique de Tutelle n'avait pas trouvé grâce devant cet ordre néfaste; les mânes d'Auguste et le génie de la cité furent impuissants pour faire respecter leur sanctuaire par le grand roi (1).

---

(1) On sait qu'une face d'un autel quadrilatère trouvé dans les fossés du château Tropeyte, mais dont on croit que la place était au centre du temple de Tutelle, portait en inscription :

AUGUSTO SACRUM ET GENIO CIVITATIS BIT (*urigum*) — VIV (*iscorum*).

Au moment de la découverte de cette inscription, on grava au-dessous, sur une plaque de marbre, l'inscription suivante (voir Jodocus SINCERUS : *Itinerarium Galliæ*). — *Hoc annosum marmor in*

Ce monument, ornement de la cité, vestige pieux du culte de nos ancêtres (1), fut impitoyablement ren-

arce Tropeitá pulvere et sordibus obsitum, impetrarunt à Jac. Matignono, Fr. Mareschello et civitatis Majore Gr. Mutel, F. Bonagues, P. Desaigues, J. Thalet, S. Guichever, J. Labat, Jurati Burdigalenses, Præfectiq. urbis et G. de Lurbe, R. Pichon syndicus et scriba civitatis, et hic in memoriam antiquitatis, et nominis Vivisci locandum curaverunt. C I Ɔ. I Ɔ. X C.

(1) Voici la description de ce monument, qui nous a été conservée par Perrault, dans ses Commentaires sur Vitruve.

« Cet édifice était au penchant d'une colline, sur laquelle est située la partie de la ville de Bordeaux, qui descend vers la Garonne où est le port. Il estait bâti de grandes pierres aussi dures et aussi blanches qu'est notre liais. Sa figure était un quarré-oblong de quinze toises de long sur onze de large, et sur vingt-deux pieds de haut, sur lequel vingt-quatre colonnes étaient posées ; huit aux grandes faces et six aux petites. Ce quarré, qui était comme une base ou stylobate continu, était presque tout solide de maçonnerie, revêtu en dehors de grandes pierres taillées et rempli par dedans de moellons jetés à l'aventure dans du mortier ; n'y ayant de vuide que pour une cave qui était au bas, dont la voûte ou le plancher n'avait pas plus de neuf pieds de haut. Ce plancher était tout droit et tout plat, et n'était point soutenu par la coupe des pierres, mais par l'épaisseur du massif, qui avait plus de douze pieds, estant selon la manière dont les anciens faisaient leurs planchers, qui avaient ordinairement, sans compter les poutres et les solives, plus de deux pieds d'épaisseur, ainsi que Vitruve l'enseigne au premier chapitre du septième livre. Ce plancher, par dessous, estait fait comme le ciel d'une carrière ; et il paraissait que les murs ayant été bastis, on avait laissé la terre en dedans à la hauteur que devait être le plancher ; et que sur cette terre, on avait jeté le mortier et les pierres, dont on avait rempli le reste jusqu'au haut, et que le massif étant sec, on avait oté la terre de dessus. Cette sorte de plancher, de même que les autres que Vitruve décrit, pourraient être appelés des planchers fusils, étant faits d'une manière coulante que l'on jette comme au moule.

» Ce stylobate continu était double, y en ayant un posé sur un autre ; et il y a lieu de croire que celui de dessous estait pour

versé, et ses matériaux disparurent dans la construction
des premiers quais de Bordeaux, à peu près comme au

gagner la hauteur de la pente de la colline, et que le second com-
mençait au droit du rez-de-chaussée de l'entrée : de manière qu'on
montait sur l'aire où les colonnes étaient placées par un perron de
vingt-une marches.

» Les colonnes avaient quatre pieds et demi de diamètre, et
n'étaient distantes l'une de l'autre que de sept pieds, ce qui fesait
que leur disposition approchait du genre pycnostyle. Elles étaient
cannelées et composées de plusieurs assises ou tambours de deux
pieds de hauteur : ces tambours, de même que tout le reste des
pierres taillées, étaient posés sans mortier et sans plomb, en sorte
que les joints étaient presque imperceptibles. La plupart des bases
n'étaient que commencées à tailler. Les cannelures sous l'astragale
du haut de la colonne n'étaient point en manière de niche, comme
elles sont ordinairement, mais elles avaient une figure toute contraire, ainsi que l'on peut remarquer dans la planche où tout cet
édifice est fidèlement représenté en l'état qu'il était quand on l'a
abattu, à la réserve des coins des tailloirs avec les volutes et de
quelques-unes des feuilles des chapiteaux qui étaient rompues.
Les chapiteaux étaient selon la proportion que Vitruve enseigne :
n'ayant pas plus de hauteur que le diamètre du bas de la colonne,
ils estaient aussi, selon Vitruve, taillés à feuilles d'acanthe. L'architrave était composé d'un sommier posé sur chaque colonne et d'un
claveau au milieu appuyé sur deux sommiers. Cet architrave faisait
un ressaut d'environ six pouces au droit de chaque colonne pour
soutenir des cariatides en bas-relief, de dix pieds de hauteur,
adossées contre les pieds droits des arcades qui estaient au-dessous
de l'architrave à la place de la frise. Les cariatides avaient la tête
sous les impostes des arcades et au droit de chaque cariatide, au-
dessus de l'imposte, il y avait un vase dont le pied était en pointe
comme les urnes où les anciens mettaient les cendres des morts.

» Ces arcades soutenaient un autre architrave pareil au premier,
au-dessus duquel il n'y avait rien. Le dedans, de même que le
dehors, était garni de cariatides qui estaient au nombre de qua-
rante-quatre, parce qu'il ne pouvait y en avoir en dedans au droit
des colonnes des angles.

» Des vingt-quatre colonnes de cet édifice, il n'en restait que

IIIme siècle, lorsque les cippes, les inscriptions, avaient
été jetés, à l'approche des Barbares, dans les murs
d'enceinte. C'est sur une partie de l'emplacement de ce
temple que bientôt devait s'élever un autre chef-d'œuvre d'architecture.

Il semblait marqué à l'avance pour recevoir cette
destination, par le choix qu'en avaient fait les actionnaires de l'ancien Théâtre-des-Variétés, près la Porte-
Dauphine, pour y ériger un lieu de réunion, à l'instar
de ceux créés depuis longtemps en Angleterre et déjà
adoptés à Paris, un lieu de danse, de chant, de déclamation et de réunion en général, un waux-hall,
en un mot. Un arrêt du Conseil-d'État, du 21 avril
1769, permit cet établissement et en limita la concession à trente années de jouissance. Déjà, 60,000 fr.
environ avaient été dépensés en travaux, lorsqu'un
arrêt du Parlement de Bordeaux, du mois de novembre suivant, défendit de les continuer dans le pré du
Château-Trompette, sur un côté des allées de Tourny.
Le 25 novembre 1769, les jurats écrivirent au maréchal duc de Richelieu, pour notifier la suspension des
travaux en exécution de cet ordre. Vainement les ac-

---

dix-sept, et il paraît, par la figure d'Helias Vinetus, que de son
temps, il y a environ vingt-six ans, il y en avait encore dix-huit.
Deux des colonnes de la face qui regardait sur le port, au droit
de la citadelle, estaient fort endommagés des coups de canon qui
avaient emporté, en quelques endroits, jusqu'au quart d'un tambour, sans les avoir pu abattre, ce qui fait connaître combien le
pouvoir que le temps a de ruiner insensiblement les choses, a plus
de force pour les détruire que n'en ont les autres forces, qui, pour
le même effet, agissent avec violence. »

tionnaires du Waux-Hall se pourvurent-ils devant le
Conseil-d'État. Au mois de juin 1771, nous les re-
trouvons ayant modifié leurs projets et sollicitant l'autorisation de faire bàtir une salle de spectacle sur un
terrain de 130 toises de long sur 25 de large, apparte-
nant à la ville et possédé alors par l'état-major du
Château-Trompette. La salle reviendrait, au bout de
trente années, à la ville, si mieux elle n'aimait se charger elle-même des frais de cette construction.

De nos jours, des économistes, des administrateurs
se trouveraient pour appuyer ce système d'aliénation
temporaire et anticipée. Et, en effet, s'il est accepta-
ble pour une entreprise d'abattoir, d'éclairage de voies
publiques, de fourniture d'eau, à la rigueur il peut
encore l'être, lorsqu'il s'agit des intérêts intellectuels
et moraux. Mais nos aïeux jugèrent plus sainement que
les hommes de notre temps. Ils pensèrent que, si un
bénéfice pouvait être réalisé, ils devaient en faire profiter la communauté; et, embrassant courageusement
toute leur tâche, ils ne reculèrent pas devant les embarras d'une entreprise de cette nature. Le 9 juillet 1771,
les jurats écrivirent au maréchal duc de Richelieu :

« Sur la proposition alternative de laisser bâtir par d'autres, ou de faire bâtir par la ville la salle projetée, il est
plus avantageux à la ville de se charger elle-même de la
construction, dès qu'elle sera assurée de la propriété des
132 toises de longueur sur 25 de profondeur, faisant ensemble 3,250 toises superficielles de terrain du glacis mentionné au mémoire et plans, avec la liberté d'en vendre tout
ce qui sera excédant à la destination de la salle et de ses
magasins pour fournir aux dépenses. »

Une autre lettre des jurats, du 10 août 1771, est beaucoup plus explicite ; mais elle ne fait que développer et confirmer ces sages principes :

« Avant de répondre définitivement au mémoire des entrepreneurs du Waux-Hall, que vous nous avez fait l'honneur de nous adresser le 17 juin dernier, par lequel, en demandant le privilége de la comédie pendant trente ans, ils désignent un terrain de 3,250 toises sur le glacis du Château-Trompette, et proposent d'y bâtir une salle de spectacle qui reviendra au bout de trente ans à la ville, si mieux la ville n'aime se charger elle-même de la faire construire, en leur faisant un dédommagement tel que vous le règlerez vous-même pour indemnité des dépenses qu'ils ont faites au Waux-Hall, sous la foi d'un arrêt du Conseil qui n'a pu être exécuté, nous avons demandé vos ordres, par notre lettre du 29 juin, pour savoir si nous devions donner seuls notre avis ou en délibérer dans l'assemblée des notables.

» La réponse, Monseigneur, que vous nous avez fait l'honneur de nous adresser le 2 de ce mois, nous manifeste que le roi ne vous a chargé que de demander notre avis et que nous n'avons autre chose à faire quant à présent.

» En conséquence, c'est, Monseigneur, de cet avis même que nous avons l'honneur de vous rendre compte, et nous croyons que, sur la proposition alternative des entrepreneurs du Waux-Hall, telle qu'elle est faite et que nous la mentionnons, il y a moins de danger et plus d'avantages pour la ville à se charger elle-même de faire construire cette salle de spectacle que de la laisser bâtir par les entrepreneurs du Waux-Hall.

» Mais qu'en ce cas cependant la ville ne peut se charger, ni ne peut être chargée de cette construction, qu'à la condition et non autrement, 1° qu'il sera abandonné à la ville, en pleine propriété, à cet usage, tout le terrain mentionné au mémoire et plans, sur 132 de longueur et 25 de profondeur,

faisant ensemble les 3,250 toises superficielles de la partie
du glacis jouie actuellement par le Château-Trompette, afin
que la place du terrain inutile à la salle et aux magasins puisse
être vendue par la ville pour servir à sa construction.

» 2°. Que la ville ne sera obligée aux frais de la construction de la salle qu'elle se charge de faire bâtir qu'à concurrence taxative et à fur et mesure seulement de la rentrée
du prix des ventes qu'elle sera autorisée de faire de ce surplus de terrain, sans être tenue, en aucun cas, d'employer
de ses deniers propres, ni aux frais de construction, ni au
dédommagement des entrepreneurs du Waux-Hall pour les
dépenses par eux faites dans cette entreprise, dont le montant réglé par vous, Monseigneur, ne pourra être demandé
ni payé que par les sommes restantes du prix de vente de
terrain au-dessus et par delà les sommes nécessaires aux
frais de la construction.

» 3° Attendu que cette salle de spectacle sera bâtie sur
un terrain qui est actuellement joui par le Château-Trompette, la ville, pour obvier à toute contestation qui ris-
querait de survenir dans la suite par prétexte de ce local,
sera confirmée dans tous ses droits de police et dans le privilége de sa garde par ses propres troupes, autorisée à ces
fins, en tant que besoin serait, à exercer les entiers et sem-
blables droits de police et le même privilége de garde en
dehors et en dedans de cette salle de spectacle, que si elle
était construite sur tout autre local qui n'eût jamais été joui
par le Château-Trompette.

» Voilà, Monseigneur, le motif de notre avis que, sans
les conditions qu'il renferme et qui en sont inséparables,
nous n'aurions pu donner que dans une assemblée de notables, tandis qu'avec l'accomplissement de ces conditions,
nous ne nous trouvons dans aucun des cas de l'article 43
des lettres-patentes du mois de mai 1767, puisqu'il ne s'agit
alors ni d'aliénation de terrain, ni de reconstruction de bâtiments aux frais de la ville. Nous avons cru, Monseigneur,

que c'était le seul parti à prendre sur les ordres contenus en votre lettre du 2 de ce mois, par laquelle vous nous fîtes l'honneur de nous marquer que le roi ne vous a chargé que de nous demander notre avis, et que nous n'avons autre chose à faire quant à présent ; mais que, sur la question de savoir si nous devons assembler les notables, avant de le donner, vous ne pouvez que nous renvoyer à ce qui est prescrit par l'édit du mois de mai 1767, et vous en rapporter à ce que notre prudence nous fera juger convenable. »

Cet expédient, incontestablement le plus avantageux au point de vue de l'intérêt du public, ne désintéressait nullement les entrepreneurs du Waux-Hall. Ce fut vraisemblablement à titre d'indemnité qu'un arrêt du Conseil, du 24 janvier 1772, leur accorda le privilége exclusif du théâtre pendant trente ans, sous la seule condition de fournir les décorations et autres objets nécessaires aux représentations, et avec dispense de rendre aucun compte du produit.

D'accord sur le mode de construction, il ne restait plus qu'à obtenir la libre disposition du terrain unanimement désigné pour recevoir cette destination. Des lettres-patentes, du 4 septembre 1773, portèrent concession à la ville de Bordeaux de 4,830 toises carrées dépendant des glacis du Château-Trompette, pour y bâtir une salle de spectacle ; les jurats furent autorisés à vendre la quantité de terrain excédant, nécessaire pour l'exécution du plan adopté, sous la condition d'en appliquer intégralement le prix aux travaux projetés. Le roi s'en réserva la disposition pour trente ans (1).

(1) Voir ces lettres dans le *Portefeuille Iconographique de Louis*, p. 99 ; par M. Gaullieur-l'Hardy. Bordeaux : H. Faye (1847), in-8o.

II.

Construction.

L'architecte Louis a retracé lui-même l'historique de sa construction dans le *Discours préliminaire* qui est en tête de la publication qu'il fit, en 1782, des plans, coupes et élévations du Grand-Théâtre de Bordeaux. C'est de ce discours que nous extrayons les lignes suivantes :

« Il fallait une salle de spectacle à Bordeaux ; et, d'après les ordres que je reçus de M. le maréchal de Richelieu, gouverneur de la Guienne, je formai des projets qu'il signa avec le corps de ville, au mois de mai 1773 (le 18).

» Ce plan était vaste, mais le chef de la province agrandit encore mes idées, par l'encouragement dont il a toujours enflammé les talents.

» Il est, au milieu du port de cette ville et dans la plus heureuse situation, une forteresse bâtie dans le siècle dernier, laquelle est environnée de vastes glacis ; c'est sur la portion de ces glacis, la plus voisine de la Bourse, que M. le maréchal de Richelieu me proposa d'élever une salle de spectacle : lieu où les affaires, autant que les plaisirs, unissent chaque soir les citoyens et les étrangers qui habitent une des premières places d'Europe. »

L'idée première de Louis avait été de diriger vers la rivière la façade principale de son monument, et on comprend tout de suite quel effet imposant il était facile de tirer de cette disposition. Mais le côté financier paralysa les vues artistiques : il eût fallu consacrer aux dégagements de vastes espaces et des terrains précieux, dont le prix se présentait comme une ressource précieuse pour l'édification même du théâtre. Ce projet fut donc délaissé ; une simple place de quarante-sept mètres de largeur dut recevoir la façade du monument (1).

Cet emplacement était alors complanté d'arbres, et offrait la promenade publique la plus fréquentée de cette époque. Un dessin de Bazemont, gravé en 1755, montre l'aspect de ce terrain avant le renversement dés arbres. Dès que les Bordelais eurent avis du projet qui devait entraîner la destruction de cette promenade, grande fut la rumeur. Fort heureusement, la jurade, se sentant soutenue par le gouverneur, n'épousa pas les vues étroites qui protégeaient cette plantation ; et, moyen radical de vaincre toute opposition, les arbres furent abattus pendant la nuit.

Le marché pour l'exécution des travaux étant déjà passé, et l'assemblée des notables lui ayant donné son approbation le 9 décembre 1773, les travaux furent immédiatement mis en activité.

(1) C'est une économie du même genre, et non moins regrettable, qui a fait placer la façade du Palais-de-Justice sur une ligne beaucoup trop rapprochée de l'Hôpital.

Dès l'abord, à peine les tranchées pour les fondations étaient-elles ouvertes, qu'on reconnut des difficultés imprévues. Pour obtenir un sol homogène, il
fallut détruire les fondements des Piliers de Tutelle;
il fallut consolider l'ancien lit du chenal qui y abou-
tissait. De là, des augmentations de dépenses, dont
la malveillance devait plus tard se faire une arme terrible contre Louis. Pendant ce temps, cet architecte,
mûrissant toujours son projet, reconnut la nécessité
de faire subir à son idée première des modifications
qu'il crut devoir soumettre aux mêmes autorités qui
avaient déjà sanctionné son travail; le 20 février 1774,
le gouverneur et le corps de ville approuvèrent ces
nouveaux plans. Ne semblait-il pas, en voyant Louis
observer, avec une si scrupuleuse exactitude, les formes administratives, qu'il prévît quelles difficultés de
tout genre allaient entraver l'exécution de son entreprise? Elles ne tardèrent pas, en effet, à éclore; et la
situation financière de la ville en fut la première cause.
L'avènement de Louis XVI amena, on le sait, Turgot
au contrôle-général des finances, fonctions qui correspondent assez bien à celles des ministères des finances et de l'intérieur. Il voulut avoir des renseignements
sur la position des principales villes, et Bordeaux
lui parut offrir une situation embarrassée : le sieur
Paris fut alors commis, au mois d'avril 1774, par ce
haut fonctionnaire, pour vérifier les ouvrages de la
nouvelle salle de spectacle; et l'effet de son rapport
fut d'abord un ordre émis le 3 novembre 1774, par
le ministre Bertin et le contrôleur-général Turgot,

pour faire suspendre les travaux de l'Hôtel-de-Ville et de la salle de spectacle; puis un arrêt du Conseil, du 11 décembre 1774, qui remit aux ordres de M. Es- mangart, intendant de la province, les travaux de la salle de spectacle et la délivrance des fonds qui de- vaient y être employés. Une somme de 354,043 fr. avait été alors payée aux entrepreneurs.

Ces ordres inquiétèrent vivement les jurats, moins préoccupés, peut-être, du retard dans l'achèvement dans la salle et dans les plaisirs du public, que d'une mesure qu'ils considéraient comme une atteinte à leurs priviléges; ils chargèrent aussitôt Louis de se rendre immédiatement à Paris, cherchant, d'un autre côté, à justifier tout ce qui avait été fait dans cette affaire, par une lettre particulière adressée au contrôleur-gé- néral. Mais dès-lors tout poussait à la centralisation, c'est-à-dire à l'ordre et au progrès; et un arrêt du 7 mars 1775 maintint la nouvelle forme pour la cons- truction des travaux (1). Alors surgirent avec une vi-

---

(1) Cet arrêt du Conseil-d'État ne se trouvant pas au nombre des documents insérés par M. Gaullieur-l'Hardy, dans son *Portefeuille de Louis*, nous croyons devoir le reproduire ici :

« Le roi s'étant fait représenter les lettres-patentes du 4 sep- tembre 1773, portant concession à la ville de Bordeaux d'une partie des terrains ci-devant compris dans les glacis du Château-Trompette, pour y bâtir une nouvelle salle de spectacle, et permission de ven- dre les emplacements qui ne seraient point employés à cet édifice; s'étant fait aussi représenter les états de situation des ouvrages qui y ont été faits jusqu'à présent, de ceux qui restent à faire, des sommes qui ont déjà été payées, de celles qui restent à payer, tant pour les ouvrages faits que pour ceux qui restent encore à faire, Sa Majesté a reconnu qu'il est intéressant pour la ville de Bordeaux de

vacité nouvelle les réclamations des jurats. Dans les
représentations qu'ils adressaient, le 12 avril 1775,

conduire à sa perfection la construction de cette nouvelle salle ;
mais qu'il est nécessaire d'établir des règles d'après lesquelles se
fera l'adjudication des terrains qui restent à vendre, et de détermi-
ner la manière dont sera fait l'emploi des fonds qui en proviendront.
A quoi voulant pourvoir : Ouï le rapport du sieur Turgot, conseiller
ordinaire et au Conseil royal, contrôleur-général des finances, LE
ROI ÉTANT EN SON CONSEIL, a ordonné ce qui suit :

» ART Ier. — Les lettres-patentes du 4 septembre 1773 seront
exécutées selon leur forme et teneur ; en conséquence, la construction de la salle de spectacle, commencée sur les terrains concédés
à la ville de Bordeaux par lesdites lettres-patentes, sera continuée
sans aucune interruption, jusqu'à ce qu'elle soit entièrement achevée, et en état de servir aux spectacles de ladite ville, et ce, sous
les ordres du sieur Intendant et Commissaire départi, et de concert
avec les officiers municipaux de ladite ville ; le tout conformément
aux plans et élévations annexés sous le contre-scel du présent arrêt.

» II. — Les portions de terrains concédés par lettres-patentes
susdatées, qui ne seront point employées à la construction de la
salle et de ses dépendances, seront mises en vente et adjugées dans
la forme prescrite par les articles suivants.

» III. — Aussitôt après la publication du présent arrêt, il sera mis
des affiches dans les lieux accoutumés, par lesquelles on annoncera
la vente desdits terrains, la manière dont les enchères seront reçues, les jours et heures où l'on y procédera, le temps où elles fini-
ront, le jour et l'heure auxquels on procédera aux adjudications, et
la forme dans laquelle elle seront faites.

» IV. — Le secrétaire de la ville fournira à cet effet un registre
particulier, qui sera coté et paraphé, par premier et dernier, par
ledit sieur Intendant et Commissaire départi ; et le registre ainsi
coté et paraphé, ledit secrétaire le divisera en autant de parties
qu'il reste à vendre d'emplacements, et mettra en tête de chaque
partie le numéro indicatif de chacun desdits emplacements.

» V. — Ledit secrétaire recevra les enchères en présence de l'un
des jurats ; et, à mesure qu'elles seront faites, il les portera sur le
registre, dans la partie qui contiendra l'emplacement et le numéro
auxquels elles s'appliqueront.

au contrôleur-général, ils cherchaient à mettre de leur
parti le Parlement : « Ce corps souffrira-t-il qu'en

» VI. — Les enchères de chaque emplacement seront ouvertes
pendant deux mois, à compter du jour de la publication du présent
arrêt; et, ces deux mois expirés, l'adjudication en sera faite par ledit sieur Intendant et Commissaire départi, en l'Hôtel commun de
ladite ville de Bordeaux, en présence des maires et jurats, sur une
dernière criée, au plus offrant et dernier enchérisseur, et à l'extinction des feux.

» VII. — Et attendu que lesdits terrains proviennent du domaine
de Sa Majesté, que ses intérêts exigent que la vente en soit suivie
par les préposés à la conservation et régie dudit domaine, et les
fonds en provenant employés de manière à assurer ses droits; or-
donne Sa Majesté, que lesdits fonds seront versés dans la caisse
du receveur-général des domaines et bois de la généralité de Bordeaux, pour être, par lui, payés sur les ordonnances du sieur Intendant et Commissaire départi, qui enverra tous les mois au sieur
Contrôleur-général des finances, un état des ordonnances qu'il aura
délivrées sur le receveur-général des domaines et bois, et dont il
remettra le double, également tous les mois, aux officiers municipaux ; et seront, lesdits fonds, employés ainsi et dans l'ordre qui
suit; c'est savoir : 1o à solder ce qui reste dû des ouvrages faits à
ladite salle de spectacle; 2o à payer ceux qui restent à faire; 3o enfin à remplacer cent soixante-six mille trente livres deux sols, pris
sur l'emprunt fait à Gênes, et à déposer au trésor de Sa Majesté les
cent mille livres, conformément auxdites lettres-patentes.

» VIII. — Il sera remis sans frais, par ledit secrétaire de la ville,
deux copies certifiées véritables du procès-verbal de ladite adjudication : l'une audit receveur-général des domaines et bois, l'autre
au régisseur des domaines, à l'effet d'être, par eux, dressé un registre et papier terrier des emplacements vendus, pour assurer le
recouvrement des cens et lods et ventes à percevoir sur lesdits emplacements. Enjoint Sa Majesté, au sieur Intendant et Commissaire
départi de tenir la main à l'exécution du présent arrêt, qui sera
inscrit sur les registres de l'Hôtel commun de ladite ville de Bordeaux, imprimé, publié et affiché partout où besoin sera. Fait au
Conseil-d'Etat du roi, Sa Majesté y étant, tenu à Versailles le sept
mars mil sept cent soixante-quinze. *Signé*, Du Muy. ».

écartant ainsi les usages et les règles ordinaires de
l'administration, on parvienne à soustraire à sa surveillance et à son inspection tous les détails de la comptabilité, qui lui auraient été rapportés sans cela, en
la personne de ses commissaires, si l'on eût suivi les
usages accoutumés?

» La construction de cette nouvelle salle, disaient
encore les jurats dans leurs mémoires, est un ouvrage
public de la ville; l'argent de la ville y a déjà été employé. Vous venez vous-même, Monseigneur, d'or-
donner qu'il en soit encore employé de nouveau du
montant de l'emprunt de Gênes, quoique uniquement
fait et autorisé par lettres-patentes enregistrées pour
la construction de l'Hôtel-de-Ville.

» Enfin, cette même ville est encore tenue, par les
lettres-patentes enregistrées du 4 septembre 1773,
d'emprunter une somme de 200,000 liv. pour la construction de cette salle; obligée de payer 100,000 liv.
au trésor royal, et chaque année 2,500 de rente annuelle à l'état-major du Château-Trompette, dont elle
est déjà entrée et contrainte d'entrer en paiement par
chaque six mois... »

A ces difficultés administratives, qui paralysaient
l'œuvre de Louis et décourageaient un esprit plein
d'ardeur, vinrent se joindre les haines, les clameurs
jusque-là contenues de la jalousie et de l'intérêt privé
froissé; des augmentations de dépenses considérables
sur le devis avaient eu lieu, avons-nous dit : c'était
un champ fertile à exploiter, et l'envie n'y manqua
pas. Fort heureusement pour Louis, pendant son sé-

jour à Paris, les qualités de son esprit, la loyauté et
la fermeté de son caractère, lui avaient gagné l'estime
et l'affection de Turgot ; aussi, de retour à Bordeaux,
et dès le mois de mars 1775, après avoir obtenu l'arrêt
précité du 7 mars, les ateliers se rouvrirent; mais le
manque de fonds eut bientôt amené encore une nouvelle interruption, et Louis ne vit d'autre moyen de
conjurer ce nouvel orage qu'en engageant ses biens
personnels.

Laissons-le ici parler lui-même :

« Qu'on se figure un architecte étranger à la ville
dans laquelle il bâtit, environné de jaloux et de con-
tradicteurs, devenu le seul soutien de son projet, et
auquel les fonds manquent de toutes parts, obligé cependant de répondre aux demandes des fournisseurs
de toute espèce, dont il a obtenu d'abondants matériaux sur les espérances d'un exact paiement, et d'entendre les plaintes de tous les employés qu'il a attirés
par les avantages probables d'un travail suivi : telle
était ma situation. Pour échapper à des poursuites
affligeantes et si bien fondées, fallait-il fuir ? Hélas !
ce parti affreux eût consolé mes ennemis de leur propre disette.... non ; je n'envisageai pas même comme
possible d'interrompre les travaux de la comédie.
Quelle perte, en effet, si j'eusse abandonné dans les
chantiers les bois et autres matériaux dont je m'étais
pourvu à l'avance ! D'un côté, comment aurai-je pu
rassembler de nouveau autant de travailleurs, si, malgré les promesses qui les avaient attirés près de moi,
ils s'étaient vus forcés de s'éloigner par défaut de paie-

ment ou d'ouvrage? Que fis-je dans cette extrémité? Tout ce que j'avais de biens et de fortune, je l'engageai; je formai des emprunts en mon propre nom. Ce moyen fut le seul qui me resta pour entretenir mes travaux, je l'employai sans hésiter; mais on sait ce que peuvent la fortune et le crédit d'un particulier pour l'élévation d'un monument public, et l'on jugera assez de là lenteur avec laquelle il marchait vers la fin. » — Dévouement, dont la plus noire ingratitude devait être la récompense; tache ineffaçable pour les jurats alors en charge !

« Un changement dans le ministère prévint l'épuisement prochain de mes dernières ressources, et me releva de cette crise terrible. M. de Clugny passa de l'intendance de Bordeaux au ministère des finances : sans être né avec un goût particulier pour les arts, qualité qui serait cependant bien nécessaire à celui qui dirige l'emploi des revenus de la France, le nouveau contrôleur-général aimait la salle de spectacle de Bordeaux; et, dès son entrée à l'intendance, il l'avait jugée nécessaire à la ville et digne de la province. Il y a plus : l'amitié qu'il me portait l'en rendit zélé protecteur. Ce sentiment n'était pas l'effet de mes intrigues auprès de lui : je lui avais fait ma cour, comme la doit faire un artiste, pour mes travaux. »

Le résultat de ces relations mettait Louis en rapport avec tous les personnages de distinction qui passaient à Bordeaux. Le 10 avril 1776, le duc de Chartres, père de celui qui devait être plus tard le roi Louis-Philippe, arriva dans cette ville, et logea à l'Intendance, où Louis fut appelé à organiser en son honneur des fêtes brillantes. Des rapports assez familiers, qui devaient plus tard le faire charger du travail d'agrandissement du Palais-Royal, s'établirent dès-lors entre l'illustre voyageur et l'artiste, et lui permirent de solliciter de son nouveau protecteur l'honneur de poser la première pierre de l'édifice qui allait s'élever. Cette cérémonie s'accomplit avec l'appareil ordinaire, c'est-à-dire avec le concours de toutes les autorités.

Une autre circonstance non moins heureuse pour le théâtre de Bordeaux, fut la nomination de M. de Clugny au contrôle-général des finances.

« M. de Clugny, dit Louis, marchait sûrement dans le département de Bordeaux ; il connaissait et ses besoins et ses ressources ; il rendit à la ville ses octrois par un arrêt du 24 novembre 1776, obtenu sur requête, à la charge de faire une réserve de 50,000 écus par chaque année, lesquels devaient être employés d'abord à l'achèvement de mon entreprise, et ensuite aux divers édifices publics, qui tous manquent à la ville, tels qu'un palais pour la justice, un gouvernement, des fontaines, un hôtel-de-ville, etc., etc. L'époque de cet arrêt montre que M. de Clugny ne l'avait pas encore publié lorsqu'il est mort ; mais le ministre sage, qui l'a suivi dans l'administration des finances, n'a pas hésité de remplir sur cet objet toutes ces intentions. C'est sur ce revenu annuel de 150,000 livres, insuffisant alors pour payer les dettes contractées dans le temps de la disette, et pour opérer la fin de mon ouvrage, que la ville de Bordeaux forma un

emprunt capable de subvenir à ces emplois urgents.
Je ne parlerai pas de la lenteur de ces opérations, ni
des entraves qu'on y apportait; car la clause de l'arrêt du Conseil, du 11 décembre 1774, était encore
confirmée par celui-ci, et l'intendant de la province
resta toujours chargé de l'inspection sur la nouvelle
comédie et sur l'emploi des fonds. Mais les tourments
de quelques malveillants ne diminuèrent rien du plaisir
dont m'enivrait la certitude d'achever ma salle... »

Le passage suivant d'un rapport de l'intendant donne
quelques détails qui complètent ceux fournis par Louis
et montre quelles mesures étaient prises pour l'ordre
des ateliers :

« Les travaux, depuis le commencement de cette
salle jusqu'au mois de novembre 1774 qu'ils furent
suspendus, ont été faits à l'entreprise sur des marchés
à la toise de chaque qualité et espèce d'ouvrages, passés et arrêtés en jurade ; et l'inspection et le contrôle
se réduisaient à examiner si les entrepreneurs rem-
plissaient les conditions du devis et marché, et à faire
les états et toisés de chaque objet.

» A cette époque, l'entreprise faite par Godefroy
et Chalifour, qui se bornait, suivant ledit marché, aux
fondations et soutènements de ladite salle, se trouva
presque remplie. Le toisé des ouvrages faits jusqu'alors
fut dressé, ainsi que l'état des approvisionnements qu'ils
avaient sur le chantier, et l'extrait général de situation
en fut envoyé à M. le Contrôleur-général par MM. les
Jurats, le 29 décembre.

» A la reprise des travaux, vers la fin du mois de

mars dernier, ces entrepreneurs, s'apercevant que l'air du bureau n'était pas pour eux, ne demandèrent pas à finir leur entreprise et à passer de nouveaux marchés pour les ouvrages au-dessus des fondations.

» Ces travaux reprirent donc à la journée et par économie; ils ne devaient être continués sur ce pied-là que jusqu'à ce que l'on eût arasé et nivelé le sol. Cependant, ils se font encore de la même manière.

» Les appareilleurs et le piqueur qui suivent l'ouvrage sont de Paris et venus exprès; toute la manutention du détail a été placée dans leurs mains par celui qui les a amenés. Ce sont eux qui reçoivent tous les matériaux, qui en donnent les reçus, tiennent l'état des journées et font les rôles. On n'a point de preuve d'infidélité de leur part, le contrôleur ne pouvant par cette raison avoir une entière connaissance de tous ces minces détails.

» Selon toutes les apparences, ces mêmes appareilleurs et piqueurs vont conduire le bâtiment de M. Saige, qui joint l'atelier de la comédie, puisqu'ils en font les approvisionnements. Cette proximité est une occasion dangereuse, et les ouvriers sont trop près les uns des autres pour qu'ils ne puissent pas être confondus; peut-être même déjà cette confusion a-t-elle eu lieu.

» La partie de la charpente se fait aussi par économie, depuis le commencement de l'ouvrage; les détails en sont confiés à un machiniste amené de Paris. Les journées des compagnons sont inspectées; mais il n'est pas difficile, dans un grand atelier, d'en occuper quel-

ques-uns à des ouvrages étrangers qui peuvent s'enlever de nuit.

» Il paraît donc essentiel de mettre tous ces travaux
en entreprise à tant la toise, pour chaque espèce d'ouvrages, sur des plans bien arrêtés et qui ne varient
pas, et d'après les devis bien circonstanciés, où l'o-
bligation de l'entrepreneur soit clairement expliquée.
C'est le seul moyen de connaître au vrai la dépense
d'un édifice aussi considérable, et de faire cesser toute
occasion de fraude. La saison dans laquelle nous entrons est ordinairement celle où les travaux finissent;
peut-être convient-il de faire cesser ceux de maçonnerie. Ainsi, on aura tout le temps, pendant l'hiver,
de préparer tout ce qui sera nécessaire pour faire des
adjudications au retour de la belle saison. »

Ajoutons ici les noms des principaux ouvriers ou
artistes qui prêtaient leur concours à Louis : les états
des ouvriers employés sont tous signés du sieur André
Durand aîné, chef appareilleur; Niquet présida à la
construction des diverses machines; Taconnet, peintre
ornemaniste, fit les décors de la salle; Robin peignit
le splendide plafond, connu de tout le monde par la
belle gravure qui l'a éternisé et les quatre pendentifs
qui rachètent la coupole; le plafond lui fut payé
30,000 fr., les quatre pendentifs 2,400 fr. Berruer
sculpta les statues, en pierre, de Thalie, Melpomène,
Polymnie, Terpsichore; il eut pour collaborateurs
Titu et Vendandris. Enfin, Berinzago, le décorateur
de la Chartreuse de Bordeaux, Lemaire et Retou, pei-
gnirent les premières toiles des décors.

A ces noms, la plupart célèbres, nous allons encore en voir se mêler un autre, qui les efface par sa popularité, non moins que par l'étendue et la diversité des idées auxquelles il est resté attaché. La même plume qui écrivait le *Barbier de Séville*, le *Mariage de Figaro*, etc., et qui agitait l'opinion publique par ses célèbres plaidoyers, traçait aussi mille plans de combinaison industrielle; Beaumarchais, après avoir passé à Bordeaux une partie de l'année 1778, où l'attachait la société de Louis, s'était occupé, de concert avec l'intendant Dupré de Saint-Maur, des moyens de réaliser les fonds nécessaires pour l'achèvement du théâtre de cette ville. Quoique un peu longue, sa lettre, qui révèle un fait nouveau dans cette vie déjà si remplie, nous a paru mériter de trouver place ici :

« Paris, ce 6 décembre 1778.

» *A M. l'Intendant de Bordeaux.*

» Pour tenir, Monsieur, la parole que j'ai donnée à tous mes amis de Bordeaux, et pour entrer, autant qu'il est en moi, dans vos vues très-saines et très-utiles à l'érection finale de la nouvelle salle de spectacle, je n'ai pas négligé, en arrivant ici, d'instruire M. le maréchal de Richelieu de tout ce que votre sagesse et votre amour du bien vous ont inspiré à ce sujet. J'en ai depuis raisonné avec plusieurs bons esprits qui tiennent à notre administration; le résumé de tant d'opinions consultées est que tout le monde désire, autant que vous et moi, de voir finir ce superbe édifice au plus tôt, et qu'il faut éviter l'emprunt de la ville par lettres-patentes, à cause des suites que vous savez et nous aussi.

» Mais, dans le resserrement où sont aujourd'hui les fi-

nances, vous sentez, Monsieur, qu'aucun secours en argent
ne peut partir d'ici. Je vois seulement qu'on se prêterait à
favoriser le prêteur des 5 ou 600,000 liv. qu'il faut, d'un
arrêt du Conseil qui assignerait son remboursement sur les
fermiers de l'octroi, et l'intérêt de l'emprunt sur les revenus de la salle avec avantage pour lui. Ces intérêts, qui
doivent être regardés comme une augmentation des dépenses de l'érection du théâtre, semblent d'abord offrir une
charge de plus ; mais comme ils seraient retrouvés, et fort
au-delà, dans l'accélération des jouissances et du produit
de la salle, achevée en huit mois, au lieu de huit ans qu'il
faudrait sans ce prêt, on doit regarder cette charge à peu
près comme nulle.

» Tout cela, bien entendu, bien consulté, bien digéré,
voici ce que j'oserais proposer comme la solution la plus
nette et la plus prompte du problème à résoudre. Si vous
réussissez, Monsieur, à lui donner secrètement l'essor à
Bordeaux, je vous promets de travailler bravement à lever
ici toutes les difficultés qui seront solubles, et surtout d'aller
vite en besogne. Telle est mon idée.

» Que les actionnaires fassent à la salle le prêt de 600
mille livres demandés, soit qu'ils le puissent de leurs biens,
soit qu'ils doivent emprunter eux-mêmes. Il est vrai qu'on
ne leur donnera pas une jouissance de trente ans, équivalente au moins à 1,200 mille livres, pour dédommagement
d'un prêt qui, se remboursant en quatre années, à 150 mille
livres par an, ne doit porter, en intérêts, jusqu'à l'acquit-
tement parfait, que 75 mille livres, ainsi qu'il est démon-
tré plus bas.

» Mais, comme il est juste que ce prêt soit avantageux
aux actionnaires-prêteurs, en leur assignant les remboursements partiels jusqu'à extinction du capital sur l'octroi,
dans la forme et aux époques adoptées par les fermiers, on
leur accorderait, pour intérêt de leur argent et récompense
de leurs soins, la location privilégiée de la salle intérieure

à moitié de sa valeur réelle, pendant les cinq premières années de la jouissance ; ensuite aux deux tiers de la valeur, pendant cinq autres ; puis aux trois quarts, pendant les cinq suivantes ; et, enfin, après quinze années de ces paiements modérés, ils commenceraient seulement à rendre la valeur totale de la location.

» Supposons maintenant que cette valeur soit estimée à 24 mille livres par an, les actionnaires sont trop bons calculateurs pour ne pas voir l'extrême avantage d'un prêt dont portion rentrerait tous les mois, et dont l'intérêt n'en courrait pas moins ensuite à leur profit pendant quinze ans, quoique le remboursement total fût opéré dans quatre ; et cela, suivant la proportion établie dans le tableau suivant :

Capital prêté............... 600,000^l. 1re année d'intérêt.. 30,000^l
1re Année de remboursem^t
   par les fermiers.......... 150,000

Reste dû, sur le capital.... 450,000^l. 2me — — 22,500^l
2me Année de remboursem^t
   par les fermiers........... 150,000

Reste dû, sur le capital.... 300,000^l. 3me — — 15,000^l
3me Année de remboursem^t
   par les fermiers........... 150,000

Reste dû, sur le capital.... 150,000^l. 4me — — 7,500^l
4me Année de remboursem^t
   par les fermiers.......... 150,000

                   Intérêt dû.................. 75,000^l

» On ajoute ici, par forme d'observation, que, le calcul fait d'après les remboursements partiels de chaque mois, il n'est dû d'intérêt légal, en quatre années, que 61,200 liv., au lieu de 75,000 liv., à quoi ils ont été portés dans le compte ci-dessus ; ce qui fait déjà 13,800 livres de bénéfice.

» Valeur de la location de la salle, estimée annuellement à 24,000 livres.

Cinq années de jouissance, à 12,000^l de rabais, donnent
en bénéfice.. 60,000^l

Cinq années suivantes, à 8,000^l de rabais, donnent......... 40,000

Cinq années suivantes, à 6,000^l de rabais, donnent......... 30,000

Bénéfices touchés en quinze années............... 130,000^l

» Il est donc clair qu'en quinze années, les actionnaires-
prêteurs toucheraient 130,000 liv. pour l'intérêt de 600,000
livres, remboursés en quatre ans. A mon avis, ce n'est pas
une mauvaise affaire; on peut trouver des croupiers à ce
prix. C'est à peu près 11 p. °/₀ d'intérêt, sauf les retards de
ses rentrées, compensés par la succession non interrompue
des remboursements de mois en mois.

» Quant à la sûreté de ces remboursements, indépendamment des assignations sur les fermiers de l'octroi, l'arrêt du Conseil leur donnerait hypothèque ou, même privilége sur la location totale de l'édifice, jusqu'à l'aquitte-
ment parfait de la dette; ainsi, nulle équivoque sur la
sûreté du remboursement. J'ai porté l'emprunt à la somme
de 600,000 liv., quoique, au dire de M. Louis, 450,000 liv.
soient suffisantes pour achever la salle, parce qu'il y a
136,000 liv. prêtés sur la caisse de M. de Carcy, dont
M. Necker paraît désirer promptement le remboursement,
et quelques autres petits objets également exigibles.

» Enfin, pour que personne ne fût mécontent, je vois
que le roi ne serait pas éloigné d'accorder, dès à présent,
à la ville, le produit progressif de la location des actionnaires, qui s'accroîtrait toujours, en assignant seulement aux
jurats un utile emploi de cet argent, soit en faveur des
hôpitaux de la ville, soit à tel autre usage digne de la bienfaisance du monarque et confié à la sagesse des administrateurs.

» Il résulterait de cet arrangement, Monsieur, que les
actionnaires auraient à très-bon prix, pendant quinze ans,
le privilége de la location de la salle; que la ville, qui ne
doit aspirer à la concession totale que dans trente années,

en aurait portion dès aujourd'hui, et la totalité dans quinze ans ; que la salle serait finie l'année prochaine ; que le public jouirait plus tôt, et que toutes les prétentions exclusives des jurats et des actionnaires étant réduites à moitié, chacun aurait encore sa bonne part aux avantages, et que le roi seul aurait été généreux. *Amen.*

» Tout cela, comme vous voyez, peut se faire par un arrêt du Conseil, et sans aucun besoin de la puissance intermédiaire, dont le concours me paraît autant inutile à la concession des grâces du roi, qu'il est important à la confection des lois, et au maintien des propriétés.

» Je ne crois pas avoir besoin de vous observer, Monsieur, que, pour réussir, ceci doit se traiter promptement et sans bruit entre vous, moi, et plusieurs autres ; ce qu'on nomme enfin une jolie petite intrigue, dont le louable objet justifiera la marche un peu cachée ; et c'est tout ce qu'il faut ; car ce monde est si plaisamment arrangé, qu'à mon avis, pendant que les petits événements occupent toujours les grands escaliers, les grandes affaires ne s'y font jamais que par les petits.

» Vous connaissez l'attachement respectueux avec lequel j'ai l'honneur d'être,

> » Monsieur, votre très-humble et très-
> obéissant serviteur,

> » CARON DE BEAUMARCHAIS. »

La réponse ci-après de l'intendant Dupré de Saint-Maur, en date du 22 décembre 1778, contient des plaintes amères sur la conduite des jurats :

« J'ai cent fois, Monsieur, proposé aux jurats, pour accélérer la construction de la salle de spectacle, des moyens assez analogues à celui que vous m'indiquez. Je leur en avais même offert un bien moins onéreux ; car j'aurais trouvé ici, sur mon crédit, les fonds nécessaires pour ache-

ver la salle dans une année, s'ils avaient voulu assurer la
rentrée de ce fonds, en me remettant de simples déléga-
tions sur le fermier des octrois, payables, jusqu'à concurrence, à raison des cinquante mille écus par an, et en y
ajoutant l'escompte des avances. Ces offres sont consignées
dans différentes lettres que je leur ai fait écrire par M. le
Directeur-général des finances. Les réponses ne contiennent pas en vérité un grain de sens commun ; il me serait
difficile de vous en faire l'analyse. On a cependant eu la
bonté de s'en contenter, par égard, sans doute, pour les pro-
tecteurs qui sont venus à l'appui. Quoi qu'il en soit, Monsieur, j'ai commencé par tâter à cet égard les actionnaires,
qui sont maintenant occupés à en délibérer. Ils ne sont pas
extrêmement disposés à prêter leur argent, même avec les
avantages qu'ils y trouveraient, parce qu'ils craignent que,
malgré tous les arrêts du Conseil possibles, le Parlement
ne leur cherche chicane et ne détruise les engagements
qu'on aurait pu prendre avec eux. Vous devez sentir, d'après
cela, que, si il est si difficile de les décider, il le sera tout
autrement d'avoir le consentement des jurats, qui espère-
ront trouver des fonds à meilleur compte, et qui, au pis
aller, préfèreraient les payer plus cher, pour ne pas avoir
affaire aux actionnaires. D'ailleurs, les jurats ont pris, dans
ce moment-ci, un singulier parti ; c'est de ne plus vouloir
s'expliquer sur rien, jusqu'à ce que leur propriété soit assurée par lettres-patentes, qu'ils ne cessent de demander ;
il ne m'a pas même été possible de les engager à donner
leur avis sur un projet de distribution du bâtiment de la
salle de spectacle, tendant à distinguer ce qui pourrait faire
objet de location particulière d'avec les dépendances nécessaires de la chose principale. Soyez donc bien persuadé,
Monsieur, que si le ministre ne prend pas sur lui de décider, l'on n'en viendra jamais à bout par voie de conciliation.
Je vous manderai toutefois le résultat de la délibération des
actionnaires, désirant beaucoup que votre génie inventif

vous facilite les moyens d'aplanir les difficultés très-mul-
tipliées qui se présentent dans l'arrangement dont il s'agit.
» J'ai l'honneur d'être, etc. (1). »

Malgré la critique de l'intendant, la conduite des
jurats ne paraîtra pas si dépourvue de sens, si l'on
songe qu'elle eut pour résultat l'obtention d'un arrêt
du Conseil, en date du 26 février 1779, par lequel le
roi, dérogeant à la disposition des lettres-patentes du
4 septembre 1773, qui lui réservaient la jouissance pour
trente ans de la salle de spectacle, concéda immédiatement cette jouissance aux jurats, afin de leur donner
les moyens de réaliser les fonds nécessaires à l'achèvement de cet édifice.

Cette concession fut prononcée sous la seule condition de quelques aumônes en faveur des deux hôpitaux principaux de la ville, l'hôpital Saint-André et
l'hôpital de la Manufacture. Un emprunt de 450,000
livres fut autorisé par le roi (2).

Par un nouvel arrêt du même Conseil, en date du
28 janvier 1780, le corps municipal de Bordeaux fut
autorisé à emprunter, d'une compagnie d'actionnaires,
une somme de 394,319 l. 19 s. 3 d. C'était le prix
auquel Louis avait évalué les travaux restant à faire.

Cet arrêt autorise la concession, par la ville, de la
salle de spectacle, au prix de 50,000 liv. par an, en
faveur de la compagnie d'actionnaires qui avaient obtenu le privilége des théâtres par arrêt du 28 jan-

(1) Archives départementales, salle de l'Intendance, liasse 741.
(2) Voir le *Portefeuille de Louis*, p. 120.

vier 1772, déboute les actionnaires de toute demande
en indemnité; porte à la somme de 9,000 liv., au lieu
de celle de 6,000, déterminée par le précédent arrêt
du 26 février 1779, la taxe que la ville sera tenue de
compter annuellement à chacun des deux hôpitaux
de Saint-André et des Enfants-Trouvés. Au moyen
de cette contribution annuelle de 9,000 liv., il est in-
terdit à ces établissements de charité, de solliciter,
de la part de la ville, aucun don quelconque, ni
d'imposer aucune taxe de quelque nature que ce
puisse être.

Par suite de difficultés entre les jurats et les actionnaires, un retard eut lieu dans l'emprunt de 394,319 l.
19 s. 3 d., et les travaux eussent été interrompus, si
un des jurats en charge, M. de Bergier, ne fût venu
en aide à l'administration municipale, en lui faisant
l'avance, le 11 février 1780, d'une somme de 100,000
livres, à 4 p. 100. Un nouveau prêt de 50,000 liv. eut
lieu dans le même objet, le 13 mars de la même année, de la part de M. Streckeisein.

Sur ces entrefaites, la salle avait été livrée au public. Dans la soirée du 8 avril 1780, l'enthousiasme
du Bordelais, irrité par une longue attente, se donna
enfin libre carrière, et il fut permis d'admirer deux
chefs-d'œuvre : *Athalie* fut représentée sur la scène
de Louis.

Revenons aux mesures administratives et financières; il fallait liquider cette entreprise.

Un arrêt du 13 février 1781 autorisa la ville à former un nouvel emprunt de 500,000 liv., pour sub-

venir aux dernières dépenses occasionées par cette construction, ainsi qu'au remboursement des autres emprunts contractés jusqu'alors.

Le théâtre de Bordeaux a coûté, selon la note donnée par Louis.......................... 2,436,523ʳ 95ᶜ ou, en chiffres ronds, deux millions et demi; et, si l'on en déduit le prix des terrains vendus............ 839,290 » on trouve que la construction du théâtre de Bordeaux a occasioné une dépense de..................... 1,597,333 95

Selon les prévisions de l'architecte, la dépense ne devait être que de............................ 1,497,318 15 il y eut donc une augmentation de dépensé de. 939,205 80

Les honoraires de l'architecte devaient être réglés, selon une délibération prise par les jurats, le 25 juillet 1774, à 1 sol et demi pour livre du montant des travaux. Mais les dépenses ayant dépassé les prévisions, les jurats appliquèrent impitoyablement à l'architecte la règle administrative, qui le prive d'honoraires sur les sommes excédant celles portées au devis. Ainsi, il toucha 112,298 fr., à raison de 7 et demi pour cent, sur 1,497,318 fr., soit, pour sept ans, 16,000 fr. par an. Lorsqu'on considère le résultat obtenu, on ne peut s'empêcher de trouver sévère la décision des jurats; ils oubliaient, et le changement important introduit dans le mode d'administration du travail, et la guerre qui fit augmenter le prix de la

main-d'œuvre, et le renchérissement survenu dans
les bois de charpente, et les idées nouvelles qui sur-
gissent en cours d'exécution, dont il n'est pas permis
de ne pas profiter, sous peine de voir une œuvre qui
laisse à désirer. Mais ce qu'ils n'oublièrent pas, ce
furent les changements introduits dans la direction de
cet ouvrage, et ce fut aussi la mauvaise humeur cau-
sée dans leur esprit par cette mesure qui leur inspira
cette rigueur injuste envers Louis. Lui-même, du
reste, nous l'a dit : « Lorsque, par une inspection
directe, on peut partager la gloire d'un monument,
tous les autres intérêts peuvent être oubliés; mais, si
l'on n'entre plus pour rien dans sa construction, il est
assez ordinaire d'en devenir les censeurs ou tout au
moins les spectateurs indifférents Aussi, dès que le
corps municipal, qui, six mois avant, louait à l'excès
et mon ouvrage et ma personne, se vit privé de l'administration de la salle, il m'abandonna à tous les
effets d'une haine qui lui paraissait même au-dessous
de son mécontentement. » Que de faits l'on pourrait
citer, qui viendraient confirmer cette judicieuse réflexion ! Cette rigueur dans la taxation des honoraires
dut paraître à Louis d'autant plus sévère, que les pro-
cédés des jurats l'avaient depuis longtemps irrité, et
que ses habitudes de luxe rendaient la somme allouée
bien inférieure à ses besoins. Toutes les personnes
distinguées de Bordeaux trouvaient, en effet, un ac-
cueil empressé dans ses salons réputés les plus élé-
gants de cette époque, et dont le souvenir s'est conservé jusqu'à nos jours.

Pour nous, nous n'irons pas chercher la condamnation des jurats ailleurs que dans leurs propres délibérations. A la conduite que nous venons de retracer, nous opposerons les termes du procès-verbal de la séance tenue le 25 juillet 1774 :

« Considérant, soit la grandeur, la beauté et l'importance de cet édifice, soit la complication des détails immenses qui en sont la suite ; les frais et sacrifices qu'exige du sieur Louis un déplacement presque continuel de Paris, où il habite ordinairement ; les dépenses de voyage et frais de séjour à Bordeaux ; enfin, les talents supérieurs de la composition des plans, joints à l'intelligence et aux moyens économiques de leur exécution, de la part d'un artiste aussi célèbre, dont la réputation est publiquement reconnue, etc. »

Ce jugement a été sanctionné par la postérité.

III.

Question de Propriété.

Un des derniers actes administratifs, qui a pourvu à la réalisation des ressources destinées à l'achèvement du Grand-Théâtre, l'arrêt du 28 janvier 1780, interdisait toute nouvelle addition de subvention au-delà du secours annuel de 9,000 liv. Ne semblait-il pas que le rédacteur de cet arrêt, en écrivant ces lignes, prévît que bientôt cette somme serait trouvée insuffisante, et que les théâtres seraient une mine féconde que les hospices seraient au moins souvent tentés de mettre à contribution? Telle a été, en effet, la pensée qui a dicté les dispositions législatives qui règlent les droits sur les spectacles au profit des pauvres, et qui forment un code déjà assez long. A Bordeaux, des relations encore plus intimes lient les hospices aux théâtres.

Pendant la Révolution, l'administration des hospices étant dépossédée de ses biens, ses revenus étaient réduits à l'état le plus précaire. En l'an xi, la crainte de se voir forcé, par suite de l'insuffisance des ressources, de fermer des établissements utiles, préoccupa assez vivement les esprits, pour que la commission administrative donnât sa démission à l'autorité. Elle ne consentit à rester en fonction que sur les instances

et les promesses formelles' du ministre de l'intérieur ;
et bientôt après, en effet, les expertises et les forma-
lités qui avaient été remplies pour obtenir une indemnité équivalente aux biens vendus, amenèrent un
résultat.

D'après l'état dressé le 28 vendémiaire an XII, par
le préfet et le directeur des domaines, les revenus
des hospices de Bordeaux, aliénés en vertu de la loi
du 23 messidor an II, étaient, en 1790, de 18,970 fr.
Pour compenser cette perte, un arrêt des consuls, du
30 frimaire an XII (22 décembre 1803), donna à ces
hospices la jouissance provisoire des théâtres ; et une
seconde loi, du 8 ventôse an XII (28 février 1804),
leur en attribua définitivement la propriété.

Bien des difficultés durent être levées avant que les
hospices pussent jouir librement, de cette nouvelle
possession. La compagnie Tanays, qui exploitait alors
le théâtre, avait signé, le 3 brumaire an IX (25 octobre 1801), un bail de quatorze ans, au prix annuel de
30,000 fr. Cette compagnie avait fait de mauvaises
affaires ; il fallait résilier son bail. Cette opération
occupa longtemps l'administration des hospices. Cependant, le 18 germinal an XII, les hospices purent
passer une ferme de cinq ans, avec un nouveau directeur, le sieur Prat, au prix annuel de 30,000 fr.
et à partir du 1er floréal an XII.

Un délai assez restreint s'était écoulé, et déjà cet
état de choses avait présenté des inconvénients assez
graves pour que tout le monde eût compris la nécessité de le modifier : l'on avait compris qu'une

gestion théâtrale et la gestion des biens des pauvres sont deux opérations d'une nature trop différente pour être réunies sur les mêmes têtes, et que la première au moins, si ce n'est toutes les deux, ne pouvaient rentrer dans la mission d'un corps honorifique. Ces idées se font jour dans plusieurs délibérations du conseil municipal, en septembre 1806, en mai 1807. Pendant le séjour qu'il fit à Bordeaux, en 1808, Napoléon, par l'art. 10 du décret du 2 février 1808, fixa cette question :

« La salle du Grand-Théâtre de Bordeaux sera désormais possédée par la ville, à titre de bail emphythéotique et administrée comme les autres propriétés municipales. La durée de ce bail sera de quatre-vingt-dix-neuf ans, à compter du 1er mars prochain.

» L'acte en sera passé entre l'administration des hospices et le maire de Bordeaux, à la réception du présent décret, moyennant une redevance annuelle de 28,000 fr., quitte d'imposition, payable de six en six mois. »

Le décret du 19 août 1808 interpréta l'article précédent dans les termes suivants :

» Le bail emphythéotique que les hospices de Bordeaux doivent passer à la ville, de la salle du Grand-Théâtre, en vertu de notre décret du 2 février 1808, comprendra la salle de spectacle et les appartenances et dépendances de l'édifice, telles qu'elles avaient été mises, par notre décret du 30 frimaire an XII, à la disposition de la commission des hospices. »

Diverses circonstances retardèrent la passation de ce

bail, qui porte la date du 1er. mars 1824. Par cet acte, les hospices donnent la salle du Grand-Théâtre à la ville de Bordeaux, à titre de bail emphythéotique, pour quatre-vingt-trois ans, à commencer du 1er mars 1824, etc., moyennant une redevance annuelle de 28,000 fr., payable par la ville.

Tel est encore l'état actuel des choses.

Ces diverses stipulations paraîtront peut-être puériles, en présence d'une allocation annuelle de 300,000 francs environ que la ville accorde aux hospices. N'y aurait-il pas lieu de rentrer à cet égard dans la vérité, en déclarant que le théâtre de Bordeaux appartient en propriété, comme en jouissance, à la ville de Bordeaux? Mais, comme le prix du bail du Grand-Théâtre constitue pour la ville de Bordeaux une dépense obligatoire, et par suite une subvention indirecte, aussi obligatoire, en faveur des hospices, tandis que les subventions de ce genre, inscrites comme telles aux budjets, ne peuvent être que des dépenses facultatives, ce ne serait que par un remboursement en capital que la ville de Bordeaux pourrait se libérer envers les hospices.

Ce serait encore opérer une grande simplification, et non moins désirable, qu'affranchir les théâtres de tout paiement en faveur des établissements de bienfaisance; et, lorsque les villes subventionnent à la fois et les théâtres et les établissements de bienfaisance, la compensation pourrait, ce semble, au premier abord, être facilement établie. Mais ici, des difficultés plus graves se présentent à l'administrateur :

d'abord, des mesures législatives devraient stipuler pour chaque ville en particulier ; et, en second lieu, les droits sur les spectacles se transforment, lorsque les villes les subventionnent, en une dépense *obligatoire* indirecte, tandis que les subventions aux hospices, nous l'avons déjà dit, sont *facultatives* de la part des villes. Quoi qu'il en soit de ces difficultés, les simplifications qui résulteraient de telles modifications et qui ne profiteraient pas moins à une administration municipale bien comprise qu'aux gestions théâtrales, nous semblent assez importantes pour qu'on doive chercher les moyens de les réaliser.

Il est, du reste, un mode de perception qui dispense les directions théâtrales de cette intervention de la part des administrations hospitalières ; c'est la ferme, ou adjudication pure et simple, moyennant un prix convenu, sans partage de bénéfices ni allocation de frais. Un avis du Conseil-d'État, du 7 octobre 1809, tend à faire établir ce mode comme règle générale. (1).

(1) Durieu et Roche, *Répertoire de l'Administration et de la Comptabilité des Établissements de Bienfaisance*, t. II, p. 752.

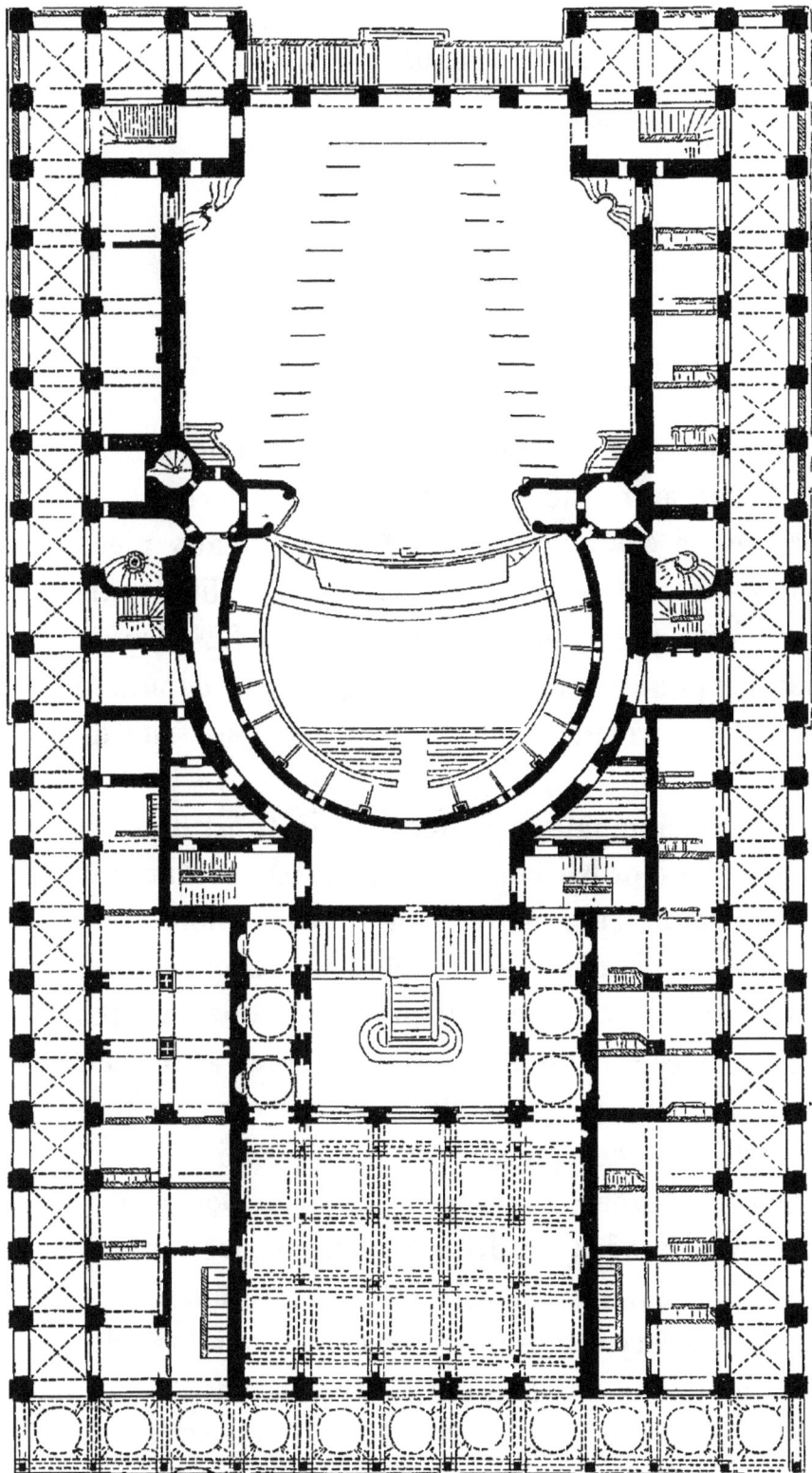

PLAN DU THÉATRE DE BORDEAUX,

D'apres les dessins de Louis.

IV.

Description.

Le théâtre forme une masse isolée, ayant pour base un parallélogramme de 89^m sur 48,60, et une hauteur de 11^m sous la colonnade, de 14^m 40 jusqu'aux pieds des statues, de 19^m sous le vestibule, de 17^m,50 depuis le parterre jusqu'au centre du plafond, de 32^m depuis la scène jusqu'au faîte de la toiture, de 43^m depuis le sol des soubassements sous la scène jusqu'au faîte de la toiture.

Sa façade principale, orientée à l'ouest, est décorée d'un péristyle d'ordre corinthien, de 10^m de hauteur sur 3 de profondeur, et formé de douze colonnes de 1^m environ de diamètre. L'entablement supporte, au droit de l'axe de chaque colonne, une statue portée sur un acrotère : ce sont les statues dues au ciseau de Berruer. Sous ce péristyle, sont percées les ouvertures du rez-de-chaussée et d'un premier étage, ouvertures décorées d'encadrements d'un bon profil. Contre cette façade, se dressent, en projection des colonnes, des pilastres aussi d'ordre corinthien. Au-dessus du péristyle règne une terrasse, sur laquelle donne une attique qui entoure tout le bâtiment.

L'entablement de cette colonnade, appareillé en plate-bande, n'est flanqué à son extrémité, ni par des pavillons, ni par des accouplements, moyens par lesquels on avait cherché jusqu'alors à assujétir les colonnes angulaires. Louis eut donc à chercher des nouveaux moyens de stabilité, indépendants de ceux que la stéréotomie avait déjà fournis pour suppléer à l'insuffisance de nos matériaux dans l'imitation des ouvrages où se jouaient, pour ainsi dire, les anciens, eux qui n'avaient qu'à asseoir sur les colonnes de longues pierres de front, en forme de linteaux. Voici le système général de construction des plafonds du théâtre :

. Les claveaux sont joints les uns aux autres en queue d'aronde cachée, tandis qu'à l'extérieur, leur coupe est droite. Les clés des plates-bandes sont à double queue d'aronde. Chaque plafond est limité, à chacune de ses extrémités, par une pierre de grand appareil formant linteau, appuyée d'un bout sur le mur dossier, et de l'autre bout sur le sommier de la colonne. Ils soutiennent et accottent les claveaux de la plate-bande. Tous les claveaux de parement sur la façade sont enfilés, selon la ligne des colonnes, par deux rangs de tirants en fer horizontaux, l'un au-dessus de l'autre, et dont l'inférieur porte, en outre, les claveaux ; ces tirants sont reliés d'abord par des mandrins de 3 mètres de longueur, qui pénètrent dans l'axe des colonnes, traversent le chapiteau et la frise de l'entablement ; dans l'intervalle d'une colonne à l'autre, de nouveaux liens les rattachent entre eux, ainsi qu'à un troisième tirant supérieur de 2 mètres de longueur, légèrement convexe, dans le but de soulager le voussoir central.

D'autres tirants perpendiculaires à ce premier système le rattachent à d'autres mandrins établis derrière les pilastres, dans le mur dossier. Ainsi, toutes les colonnes sont reliées entre elles et au mur dossier, de manière à ne former qu'un seul système formant corps avec le bâtiment.

Ces plafonds sont, en outre, soulagés par un vide pratiqué au-dessous de la terrasse. On peut ainsi communiquer dans cet espace par deux portes pratiquées à chaque extrémité dans le mur dossier du péristyle, et un abat-jour éclaire ce couloir à chaque extrémité.

Au-dessus de ces vides, se retrouve un nouveau système d'un seul tirant horizontal lié à des mandrins verticaux, enfilés les uns dans les colonnes, les autres dans le mur dossier.

Voilà pour l'ensemble de la colonnade.

Les plafonds d'angle méritent une attention particulière. Un double système a été imaginé pour soulager la colonne extrême : système de nouveaux tirants de fer; artifice dans la coupe des pierres. Ces deux moyens ont l'un et l'autre pour but et pour effet de faire partir tout l'effort de résistance du mur dossier, et à une distance assez éloignée pour que la face latérale ne puisse en souffrir. C'est d'un point situé derrière l'avant dernier pilastre que part la tension. Il suffit de lever les yeux pour voir l'appareil disposé en rayons, qui vont se rattacher à ce point comme centre, de telle sorte que ce plafond présente l'apparence d'un quart de plafond. En outre, ce que l'œil ne peut voir, c'est un nouveau système de tirants diagonaux qui viennent ajouter à la force des tirants perpendiculaires.

Voilà par quels artifices ingénieux un constructeur habile suppléa à l'insuffisance de nos matériaux, et résolut, pour la première fois, le problème difficile d'une colonnade isolée, sans massifs à ses angles. L'œil du vulgaire admire l'effet, sans comprendre les difficultés vaincues; le constructeur y trouve un sujet d'études; l'architecte philosophe va plus loin : il se demande si l'art n'eût pu trouver des formes plus en rapport avec la nature et la dimension de nos matériaux, et si une condition essentielle de l'art ne réside pas autant dans la simplicité des moyens employés que dans les résultats obtenus.

Continuons la description de l'extérieur :

Les faces latérales nord et sud sont ornées de simples pilastres d'ordre corinthien; ici, les fenêtres du premier étage sont sur le plan de la décoration; le rez-de-chaussée est seulement en retraite, et présente des galeries de quatre mètres de profondeur, ouvrant sous quarante arcades, auxquelles correspondent des boutiques avec entresols, destinées à être louées.

Sur le côté nord se trouve un café récemment agrandi par des dispositions intérieures. La voûte de la pièce principale est soutenue par deux groupes de quatre colonnes. On a profité de la déclivité du terrain vers l'est pour former au devant de ce café une terrasse. Cette même déclivité du sol a forcé d'établir un stylobate au monument, sur les faces latérales et sur la face postérieure à l'est; et on a tiré parti de cette disposition pour établir des galeries souterraines qui servent de chai. La décoration de la dernière façade, à l'est, est analogue à celle des faces nord et sud. Mais la galerie est interrompue sur le milieu de cette face, et la façade centrale forme un arrière-corps du plus riche effet, pour faire place à deux escaliers qui rachètent la différence de niveau du sol avec celui des galeries, et facilitent le service de deux portes d'entrée de service.

Entrons dans le théâtre : cinq portes sur la façade principale, à l'ouest, conduisent dans un vaste vestibule de 20^m de largeur sur 14 de profondeur, terminé par un escalier en T qui débouche dans les différentes parties de la salle ou dans les dépendances latérales. Le vestibule d'entrée est décoré de seize colonnes cannelées, d'ordre dorique, placées en quinconces; elles supportent un plafond à voûtes plates, présentant divers membres d'architecture, des caissons, une rosace. Le jour est pris obliquement sur les côtés de la cage de l'escalier, au moyen de douze lanternes rondes pratiquées dans les combles et non apparentes; il pénètre dans l'intérieur du dôme, d'abord par la coupole centrale, puis par des évidements pratiqués dans la base des culs-de-four en pendentifs, dont les retombées s'appuient sur une galerie à la romaine, établie à la naissance de la voussure.

La première volée de l'escalier conduit aux premières loges. Au premier palier, deux cariatides représentant les muses de la tragédie et de la comédie, Melpomène et Thalie, surmontées d'un fronton, indiquent l'entrée de la salle. Une inscription était jadis au-dessus.

Mais, avant d'entrer dans cette partie, franchissons encore la volée d'escalier en retour d'angle qui se présente de chaque côté; nous serons conduit au premier étage, sur de vastes paliers, ou plutôt des promenoirs, supportés de chaque côté par quatre colonnes d'ordre ionique. C'est de là qu'il faut jeter un coup-d'œil sur la cage d'escalier et sur le vestibule d'entrée. Soit que vous l'examiniez à la clarté du gaz, ou en plein jour, il est impossible de ne pas être saisi par la simplicité des lignes, la pureté du jour, la majesté de l'ensemble. Jamais l'architecture n'a su faire concourir les moyens dont elle dispose à des effets plus harmoniques. C'est ici qu'éclate dans toute sa force le génie de l'artiste.

Sur ces paliers ou promenoirs ouvrent de magnifiques salons, dont un, sur la droite, sert de foyer; un autre, plus à l'ouest, décoré de bustes des grands auteurs dramatiques, est connu sous le nom de *Salle des Grands-Hommes*. Mais la plus remarquable de ces pièces est la *Salle des Concerts*, dont le plancher est porté par la colonnade et la voûte plate du vestibule d'entrée. Cette salle n'est plus aujourd'hui telle que la décora Louis; on nous saura donc gré de reproduire une description de son état ancien : « Cette élégante salle, de forme ovale, est ornée de douze colonnes striées, d'ordre ionique, avec trois rangs de galeries en encorbellement, surmontés d'arcs sphéroïdes en plein-cintre, de l'une à l'autre colonne; une riche corniche d'ordre composite règne circulairement au-dessus. La voûte surbaissée du dôme est percée à son berceau, en contre-bas de cette corniche, de douze lunettes biaises, ou plutôt d'une garniture d'œils-de-bœuf, pour la décoration de laquelle les arts de la sculpture et de la peinture fournirent les plus gracieux modèles. La belle fresque du plafond cintré excitait aussi l'admiration des gens de goût.

« Cette salle avait parquet, orchestre, corridor de loges, une salle d'accord et deux escaliers particuliers qui communiquent au vestibule d'entrée, l'un à l'usage des ecclésiastiques, et l'autre pour·les musiciens du concert (1). »

La loge des jurats était à l'une des extrémités du grand axe de l'ellipse ; à l'autre extrémité, un buffet d'orgues, et, de chaque côté de l'ellipse, des tribunes pour les musiciens. Les divers étages offraient encore au public sept cent cinquante places.

Nous allons entrer dans la salle de spectacle ; mais auparavant, nous ne pouvons taire l'effet fâcheux que produit sur l'œil habitué aux larges dimensions de la cage d'escalier le couloir un peu affaissé qui enveloppe la salle. N'eût-il pas fallu établir une transition ?

La salle présente, du côté des spectateurs, la forme d'un demi-cercle exact, ayant un rayon de 10 mètres ; des courbes d'une corde de 6 mètres lient ce demi-cercle à la scène, laquelle, mesurée au devant du rideau, entre les dernières colonnes, a une ouverture de 12 mètres.

_____

(1) Gaullieur-l'Hardy, *Portefeuille de Louis*, p. 40.

Lorsque le parterre était sans siéges, l'ensemble pouvait recevoir, selon les documents de l'époque, dix-sept cent vingt-six spectateurs. Aujoúrd'hui, par suite du placement de bancs dans le parterre, elle est évaluée pouvoir présenter quatorze cents places.

Elle est décorée d'un ordre composite. Quatre colonnes soutiennent quatre arcs doubleaux et quatre pendentifs portant à leur tour le plafond bordé d'une corniche circulaire. Sous un de ces arcs doubleaux ouvre la scène. Six autres colonnes intermédiaires sont de pure décoration. Au piédestal de ces colonnes correspond la première galerie ou balcon continu, lequel suit le plan circulaire de la salle ; deux étages de loges se trouvent échelonnés en tribune, dans l'espace correspondant aux fûts des colonnes ; au quatrième étage, le paradis s'appuie sur l'entablement, prend jour, du côté de la salle, à travers le vide des arcs doubleaux et s'étend sous des voûtes en cul-de-four, percées, au ras de chaque arc doubleau, de pénétration, destinées à la ventilation de la salle. La frise et l'architrave seuls sont d'ordre composite ; la corniche est corinthienne.

« Le parterre se trouve soutenu par trente-deux poteaux reposant sur des dés ; ces socles sont assujétis à leur tour sur quatre rangs serrés de massifs en maçonnerie des premières fondations ; cet espace est demeuré vacant. Le dessous de l'avant-scène est voûté, sans destination spéciale. L'emplacement souterrain, recouvert par le théâtre et disposé pour le jeu des machines, descend à une profondeur de

11 mètres 70 centimètres en contre-bas du plancher (1).

» A l'égard de la décoration, le fond total de la salle, en marbre blanc veiné, la corniche circulaire du plafond, les arcs doubleaux compartis de caissons, le grand entablement dont la frise est ornée de guirlandes, les chapiteaux des colonnes, les cannelures, bases, socles desdites colonnes, balustrades des loges, arabesques dans les panneaux des portes d'entrée desdites loges, le plafond au-dessus de l'avant-scène, etc., etc., toutes ces parties étaient en ornements, rehaussées en or, avec des draperies bleues, peintes dans le fond des loges, et retroussées à l'endroit des portes (2). »

Robin, de l'Académie royale de peinture, fut appelé, avons-nous dit, à enrichir cette voûte de tableaux dignes de la salle. Guidé par les indications de Louis, il répondit pleinement à l'attente des Bordelais. Son travail si remarquable, si plein de poésie fraîche et gracieuse, a disparu ; les gravures qui en furent publiées par N. Le Mire sont devenues excessivement rares. On nous permettra de reproduire les explications qui entourent le dessin : « La ville de Bordeaux, protégée par le gouvernement, sous la figure de la Sagesse, fait son offrande à Appollon et aux muses. L'encens fume ; un sacrificateur immole des victimes. Mercure, dieu du commerce, préside à celui de Bor-

(1) Gaullieur-l'Hardy, *Portefeuille de Louis*, p. 37.
(2) *Description de la nouvelle salle de spectacle de Bordeaux,* etc. — Bordeaux, Pallandre jeune, 1780, in-4º, 4 pages.

deaux, indiqué par des vaisseaux, des travailleurs au port et un capitaine qui tient des nègres à sa suite. Bacchus et ses attributs annoncent l'une des grandes richesses de la Guyenne. Le peuple unit ses hommages à ceux de la ville.

» Appollon et les muses agréent la dédicace d'un temple élevé par la ville de Bordeaux. Le dieu tient sa lyre et a près de lui des couronnes de lauriers. Melpomène et Thalie au-dessous sont accompagnées de Clio, Uranie et Polymnie. A la droite, Therpsichore, Euterpe et Érato rassemblent en un grouppe les talents qui constituent l'opéra. Calliope est près d'Appollon. La Garonne, qui prend sa source dans les Pyrénées, verse les eaux de son urne. Des dieux marins s'efforçant d'en arrêter le cours, caractérisent l'effet de la marée sur cette rivière. La Paix plante un olivier sur ses bords ; la Libéralité dispense ses richesses.

» Momus monté sur Pégaze s'élance vers l'Olympe ; il tient sa marotte, symbole de la gaîté ; il en distribue à plusieurs génies, qui les répandent parmi les spectateurs. D'autres se sont chargés des couronnes qui étaient près d'Appollon, pour les distribuer aux auteurs et acteurs dramatiques qui auront mérité l'approbation publique. Les lys et l'aigle perpétuent le passage à Bordeaux, en 1777, des frères du roi, Monsieur et le comte d'Artois, et de l'empereur (Joseph II) à Bordeaux. Les lys et l'aigle sont aussi l'emblème de la pureté et de la sublimité, caractères essentiels aux ouvrages de théâtre.

» L'Architecture sur un monceau de pierres à demi

taillées, commande à des atteliers de charpentiers et de serruriers. La Géométrie et l'Arithmétique l'accompagnent. La Sculpture occupée à ciseler le buste du roi, et la Peinture présentent à Appollon les instrumens de leur art. Le Temple, élevé près de la Garonne, est une portion de la façade de la salle de spectacle de Bordeaux, bâtie par M. Louis. Des nymphes ayant amassé des fleurs sur les bords de la rivière, les donnent aux Ris et aux Jeux qui décorent le temple de festons. »

La lettre suivante, écrite, le 22 avril 1780, par les jurats au maréchal de Mouchy, complète la description que nous venons de donner ; elle sera aussi une nouvelle preuve de la mauvaise humeur, pour ne pas dire de l'injustice, qui inspirait les jurats à l'égard de Louis et de son œuvre :

» Nous ne sommes entrés pour rien, Monseigneur, dans les projets de M. Louis. Il a placé les armes du roi et celles de la ville dans l'intérieur et dans l'extérieur de la salle, ainsi qu'il a jugé à propos. Il n'a pas plus consulté le corps de ville sur cela que sur tout le reste. Il a placé à très-grands frais l'écusson de Sa Majesté, soutenu par deux renommées colossales, au-dessus de l'avant-scène. Il a fait peindre les armes de la ville sur le rideau ; il a garni la loge de V. G. d'un tapis aux armes du roi, et il a garni la nôtre d'un tapis aux armes de notre ville. Nous n'avons pu ni dû penser que cela fût en contradiction aucune avec les ordres de V. G., que nous serons toujours prêts de reconnaître et de respecter. »

Au centre de chacun des quatre pendentifs, Robin plaça en médaillon les portraits des quatre patriarches de la scène française : Corneille, Racine, Voltaire, Crébillon.

Voilà pour la salle et le théâtre proprement dit. Jetons un coup-d'œil sur les accessoires. Là ; mieux encore, nous pouvons admirer l'étendue d'esprit de l'architecte ; il faut surtout étudier les moyens de ventilation, de chauffage, de distribution d'eau en cas d'incendie ; ils offriront des dispositions aussi simples qu'ingénieuses. De nos jours, où les progrès dans l'art de construire semblent s'être concentrés exclusivement sur ces points, on n'eût pas réalisé un ensemble plus satisfaisant.

« L'étage attique comprend, dans sa distribution, des loges d'acteurs et d'actrices ; douze logements complets pour ceux d'entre eux qui veulent les prendre à loyer, ou à défaut pour d'autres familles ; des magasins d'habillement, avec le logement du tailleur et celui du machiniste.

» Sept escaliers montent du fond jusqu'aux combles, dans lesquels sont ménagés huit réservoirs d'eau répartis sur divers points, pour parer aux incendies. Le comble du centre est percé par vingt-quatre lucarnes en guise de ventilateurs. Celui qui recouvre la salle des concerts et ses corridors circulaires se trouve aéré par cinq autres croisées. Quatre-vingt-dix-sept souches de cheminées sortent inaperçues du toit d'enceinte ; la combinaison de leur distribution peut servir d'étude aux élèves architectes (1).

_____

(1) Gaullieur-l'Hardy, *Ouvr. cité*, p. 41.

» Derrière les parties cintrées du corridor (qui enveloppe la salle, à hauteur des galeries), chauffé en hiver par deux grands poëles nichés dans l'épaisseur du mur, avec des tuyaux de chaleur chauffant les étages supérieurs, Louis avait ménagé deux cours adossées aux magasins des portiques. C'est dans les encoignures de ces cours triangulaires, ouvertes par en haut à l'air extérieur, et ayant des puits dans le milieu, qu'avaient sagement été établis les lieux d'aisances du parterre, surmontés de réservoirs d'eau, placés à la hauteur de l'attique, dans le double but de laver ces lieux et de trouver au besoin une provision d'eau, en cas de feu, dans l'intérieur du théâtre.

» Une troisième cour, de forme oblongue, ouverte aussi pardessus, contre laquelle aboutit, par l'un de ses côtés, la cage de la scène, qu'elle sert à aérer, dégage, d'autres lieux, les vapeurs dont le méphitisme deviendrait aussi incommode que dangereux. »

Les moyens que nous venons d'indiquer ne sont pas les seuls auxquels l'architecte ait eu recours pour arrêter les cas d'incendie. Trois puits ont été creusés dans les soubassements contigus à la rue de la Comédie; ils sont munis de pompes, qui les mettent en communication avec les réservoirs d'eau sur les combles. Un canal, long de 18 mètres, large de plus d'un mètre, bordé de passages, unit ces trois puits et permet l'entrée des eaux de la rivière à mer haute.

« Les acteurs d'un côté, et les actrices de l'autre, arrivaient à leurs loges respectives par deux escaliers distincts, placés à chacune des extrémités de l'édifice, du côté du perron. Ces loges, au nombre de cinquante-deux, se trouvent distribuées dans les quatre étages, depuis le niveau des secondes galeries jusqu'à l'attique (1). »

Dans la pensée de Louis, c'était dans le théâtre même que devaient être placés les décors ; il avait ménagé à cet effet, vers l'extrémité *est* du côté *sud* du théâtre, c'est-à-dire du côté de l'Intendance et vers la rue de la Comédie, un grand magasin s'élevant à la hauteur des combles ; mais le luxe des représentations augmentant, ce magasin devint bientôt insuffisant, et les châssis furent pendant longtemps transportés dans l'ancien cloître des Dominicains, attenant à l'église Notre-Dame et dépendant aujourd'hui du service de la manutention des vivres. Un hangar avait été dressé à cet effet. Mais ce provisoire ne pouvait durer longtemps : ce lieu était d'ailleurs trop éloigné du théâtre. Ces diverses raisons déterminèrent la ville de Bordeaux à faire ériger un local spécial. L'ordonnance du 31 janvier 1821 pourvut à ce besoin ; un magasin a été construit rue de Condé, pour le prix de 49,235 fr.

(1) Gaullieur-l'Hardy, *Ouv. cité*, p. 39.

V.

Restauration.

Les témoignages d'admiration n'ont pas manqué au théâtre de Bordeaux. Citons quelques jugements émanés d'autorités incontestables.

M. Patte, dans son *Essai sur l'Architecture théâtrale* (1), s'exprime ainsi :

« Le plus magnifique de tous les théâtres modernes est, sans contredit, celui que la capitale de la Guyenne vient de faire élever. L'architecte a eu toute liberté de donner l'essor à son génie, et l'on peut dire, en le considérant en général, du côté de sa composition et de la beauté de ses proportions d'architecture, que c'est un morceau digne de faire honneur à ses talents. »

Arthur Young disait en 1787 : « Le théâtre de Bordeaux, fait il y a dix ou douze ans, est certainement le plus beau que l'on trouve en France ; je n'ai rien vu qui en approche... L'entrée du portique est un noble vestibule qui conduit non-seulement aux différentes parties du théâtre, mais aussi à une superbe salle de concerts et à des salons de rafraîchissements et de promenade.... L'établissement des acteurs, des

(1) Paris, Moutard, 1782.

actrices, des chanteurs, des danseurs, de l'orchestre, démontre les richesses et le luxe de la ville. »

« La France, dit M. Quatremère de Quincy, la nation la plus mal partagée sous le rapport des théâtres, a surpassé, vers la fin du dernier siècle, toutes les entreprises précédentes dans le théâtre de Bordeaux, grand édifice qu'on peut appeler véritablement du nom de monument public... Tout, dans ce monument, a été taillé en grand. Soit qu'on l'examine dans la belle entente et la régularité de son plan, soit que l'on considère la largeur et la facilité des dégagements et tous les accessoires que réunit un pareil ensemble, on peut le proposer pour modèle de ce qui convient aux usages modernes. »

En 1817, la Société de médecine de Bordeaux, appréciant surtout ce monument à un point de vue hygiénique, disait : « Nous reconnaissons avec plaisir que le Grand-Théâtre de Bordeaux est moins vicieux que les autres, et que le péristyle de son entrée, les appartements voisins des loges, sont des moyens préservatifs très-utiles. »

M. L. Vaudoyer, dans le *Magasin pittoresque* (1852) :

« En architecture, l'art doit rester le maître de la science ; s'il se laisse une fois subjuguer par elle, il est anéanti.

» En dépit de ces tendances générales, évidemment nuisibles à l'art sous le règne de Louis XVI, il y eut quelques hommes assez puissants et assez heureusement doués, pour exécuter des œuvres qui honorent à la fois l'architecture française et leur pays.

» Au premier rang, il faut placer Louis, auteur des galeries du Palais-Royal, du Théâtre-Français, de l'ancien Opéra de la place Louvois à Paris, et du célèbre théâtre de Bordeaux, qui seul eût suffi à la réputation d'un architecte.

» Il est impossible d'imaginer une disposition plus grandiose et d'un effet plus saisissant que celle du vestibule et de l'escalier principal du théâtre de Bordeaux. Les distributions générales sont, en outre, des mieux entendues; et quant à la coupe de la salle, tout-à-fait différente de ce qui avait été fait jusqu'alors, elle fut presque exactement reproduite par Louis lui-même dans la salle de l'Opéra de la place Louvois. »

M. Debret, dans l'*Encyclopédie moderne* :

« La salle de M. Louis, à Bordeaux, l'un des plus magnifiques théâtres des temps modernes, surtout en raison de son ensemble et des localités qui en dépendent....... »

Et M. Debret pousse même plus loin que nous l'admiration pour le théâtre de Bordeaux, lorsqu'il donne l'avantage à la forme sphérique adoptée par Louis sur la forme elliptique.

Il est vivement à regretter que M. Debret, pas plus que Louis, ne soit pas entré dans le détail des motifs qui lui font préférer, contrairement à l'opinion généralement reçue, le cercle à l'ellipse. Pour nous, il nous paraît de toute évidence que, sous le rapport optique, on ne découvre des loges voisines du théâtre de Bordeaux, qu'un espace très-rétréci; et, sans en-

trer dans des théories savantes, l'observation la plus
superficielle de la scène fait aussi reconnaître que les
sons de la voix ne parviennent sur les côtés, princi-
palement dans les étages supérieurs, que très-peu
nets. La voix se dirige selon la forme d'un cône, dont
la base est mesurée par l'ouverture de la bouche; et,
hors de cette portée, ils perdent la plus grande partie
de leur force essentielle. Louis avait bien compris ces
inconvénients de la forme circulaire; car il avait cherché à y remédier, en donnant à la scène une saillie fort
considérable dans la salle; ce qui plaçait en quelque
sorte l'acteur au milieu des spectateurs. Mais, dans
les modifications successives apportées à l'état du théâtre, la scène a été reculée, dans le but d'augmenter le
nombre des places, sans égard pour la forme sphérique; nous chercherons ailleurs, et nous indiquerons,
croyons-nous pouvoir ajouter, de nouveaux moyens
d'arriver au même but.

Six colonnes intermédiaires, qui, ne soutenant pas
les arcs doubleaux, concourent uniquement à la décoration; ainsi, déjà, sous le rapport de la construction,
elles sont surérogatoires et dès-lors vicieuses; car une
règle souveraine de l'architecture est de n'employer
aucun membre qui ne concoure à un but d'utilité. Elles
nuisent en outre à l'effet acoustique; aussi croyons-
nous que la salle gagnerait considérablement à leur
suppression, et à l'établissement dans son pourtour de
trois longs balcons, dont la grande portée pourrait être
facilement dissimulée. Les balcons du fond de la salle
pourraient alors recevoir des cloisons séparatives; ce

qui aurait l'avantage de transformer en petits salons fort commodes des loges de quatre ou six places, dont la location pourrait être d'un prix supérieur aux prix actuels. Ces cloisons seraient dirigées vers la scène, comme point de centre, et non plus, comme aujourd'hui, vers le centre géométrique de la salle.

L'on augmenterait encore le nombre des places, en baissant la scène et le parterre d'un mètre environ, et en projetant, en encorbellement sur le parterre, les galeries qui pourraient recevoir ainsi un nouveau rang de siéges; les loges grillées inférieures y gagneraient aussi beaucoup sous le rapport de la commodité et du jour. Leur nombre pourrait être facilement accru, car on pourrait les faire régner sur tout le pourtour du parterre.

Une nouvelle tarification du prix des places serait la conséquence naturelle de ces modifications. L'échelle en serait plus variée qu'aujourd'hui et mieux en rapport avec la commodité des loges.

Que si, par un respect exagéré pour l'œuvre de Louis, on craignait de lui faire subir ces transformations, nous pourrions répondre, en donnant une liste assez étendue des modifications qu'on lui a fait subir à diverses époques. Déjà Louis s'en est plaint lui-même dans le *Discours préliminaire* qui est en tête de son album : « J'apprends, dit-il, que les pièces qui précédaient la salle des concerts, et qui avaient des destinations très-essentielles, viennent d'être transformées en logements particuliers. Si ces métamorphoses se tolèrent, on ne retrouvera plus que dans ce recueil le monument du Grand-Théâtre de Bordeaux tel que je l'ai bâti. »

Des modifications introduites dans le système d'éclairage occasionnèrent, selon M. Gaullieur-l'Hardy, la dégradation du plafond.

Deux loges des deuxièmes balcons ont reçu des arrières-loges, sans égard, selon le même auteur, pour les conditions de stabilité des loges antérieures.

Les côtés de la scène, jusque dans l'extrême fond du théâtre, reproduisaient l'ordre d'architecture de la salle. La perspective offrait quatre voûtes sphériques opposées, supportées par huit colonnes avancées, et soutenant une coupole qui masquait aux spectateurs les cintres des machines et les châssis des décorations. Ces dispositions ont dû disparaître devant les nécessités des décors nouveaux.

La terrasse au devant du café qui borde la rue Esprit-des-Lois a été l'objet de divers travaux, ayant tous pour but de la rendre moins disgracieuse par rapport à l'effet général de l'édifice. Aucun n'a donné, ne pouvait donner des résultats satisfaisants. Il n'y aura que sa disparition, ou tout au moins l'abaissement du terrain à un niveau sensiblement le même que celui de la rue Esprit-des-Lois, qui pourra résoudre ce problème.

Aujourd'hui, dans un ordre d'idées différent, des travaux importants viennent de s'effectuer au théâtre; nous voulons parler du brossage de la façade; la couverture aussi a été remise en état; enfin, tout l'extérieur a subi une restauration complète; mais, sous quelques rapports, c'était un travail de luxe. Remanier l'intérieur, repeindre et redorer tous les décors si enfumés de la salle, recouvrir des bancs déchirés, leur donner plus de confortable en élargissant les siéges et plaçant partout des accoudoirs et des dossiers; nettoyer enfin tout l'intérieur, abandonné aujourd'hui dans un état affligeant de délabrement, voilà ce qui reste à faire et ce qui présente presque partout le caractère d'urgence. Mais ce travail acquerrait une bien autre importance, si, au lieu de se borner en quelque sorte à ce simple nettoyage, on en profitait pour réaliser le programme d'améliorations que nous avons plus haut indiquées, dans le double but d'augmenter le nombre des places et d'ajouter à leur confortable; double moyen de grossir les recettes. Tout ce qui est sur la terre (qu'on ne l'oublie jamais) est soumis à la loi du progrès, c'est-à-dire du changement; l'immuabilité n'est ici bas l'apanage que de l'ignorance, et ce serait assimiler le théâtre à une ruine que ne pas lui imprimer les améliorations qui résultent des découvertes modernes.

Que l'on ne dise pas que nous voulons enlever au théâtre son éclat. Car, même sous le rapport de la décoration pure, même dans la partie la plus splendide de ce monument, dans le vestibule, nous croyons qu'il y aurait quelque chose à faire pour en augmenter le luxe. Ces vastes promenoirs, qui présentent leurs quinconces de colonnes au débouché de l'escalier principal, ne semblent-ils pas attendre des ornements dignes d'eux. Vers 1834, la municipalité de Bordeaux voulut donner à la mémoire de Louis une tardive réparation de bien des amertumes, en plaçant son buste dans le monument qui a éternisé son nom, et qui fait l'ornement de la cité. Mais nous l'avons déjà dit : « Ce » n'est pas un simple buste, c'est une statue qui eût » dû être érigée à l'artiste du génie qui, en dépit de » basses jalousies, a doté Bordeaux d'un des plus beaux » monuments de l'Europe (1).» La place de cette statue, c'est un des promenoirs que nous venons d'indiquer.

Mais il faudra une autre statue en pendant au second promenoir. C'est dans la troupe aussi nombreuse que brillante des artistes qui se sont formés sur la scène de Bordeaux que nous en choisirons le sujet; et encore ici, il ne pourrait y avoir doute ou hésitation, lorsque, parcourant cette liste, on trouve en tête, non pas seulement un grand artiste, mais un des premiers poètes de la France, un profond philosophe, un grand homme. Il n'est pas, en effet, seulement vrai, comme on l'a dit bien souvent, que Molière a joué à Bordeaux; c'est à Bordeaux qu'il a fait ses débuts, c'est Bordeaux qui a salué et révélé son talent, comme plus tard Bordeaux salua et révéla l'auteur de l'*Esprit des Lois* dans une obscure séance de l'Académie de cette ville. Pour Molière, nous trouvons ce fait énoncé dans un passage de l'*Histoire du Théâtre-Français* : « Si l'on en croit » les mémoires manuscrits de M. de Tralage (1), Mo-

---

(1) *Choix des types de l'Architecture au moyen-âge dans le Département de la Gironde*, texte par L. Lamothe. — Bord., Durand, 1846, in-fº.

(1) Article 77 du vol. in-4º. 59. 688.

» lière avait commencé de jouer la comédie en pro-
» vince, sur la fin de l'année 1645. Ce fut à Bordeaux
» qu'il fit son coup d'essai, où M. d'Espernon, qui était
» alors gouverneur de la province de Guienne, le
» goûta et l'honora de son amitié. »

Voilà, certes, deux belles figures à offrir à l'admiration des étrangers qui abordent le sanctuaire des
muses : deux artistes de génie, deux têtes qui rappel-
leront des vies glorieuses et pleines d'enseignements;
car leur mort fut également douloureuse : dure leçon
pour l'humanité qui méconnaît ses plus grands repré-
sentants, qui semble effrayée de l'auréole lumineuse
du génie, et a besoin du silence de la tombe pour s'in-
cliner devant des fronts qui ne sont plus !

VI.

Gestion artistique et administrative.

Il serait bien impossible qu'une ville, aussi amou-
reuse de luxe et de plaisirs que Bordeaux, n'eût pas
un goût prononcé pour le théâtre ; et comme les idées,
les sentiments se développent par sympathie récipro-
que, à Bordeaux aussi doivent éclore des talents des-
tinés à la scène : auteurs et acteurs.

Nous allons tâcher d'en offrir des preuves matériel-
les. Une première consistera dans la liste des pièces
composées à Bordeaux, le plus souvent par des Bordelais, et dont la plupart ont paru pour la première
fois sur les théâtres de cette ville : il nous a semblé
que cette nomenclature devait présenter assez d'intérêt
à des Bordelais pour faire excuser sa longueur. Le
catalogue de la Bibliothèque Soleinne nous a été ici
d'un grand secours ; mais nous avons complété ce
document par l'insertion d'un grand nombre d'articles qui s'y trouvent omis. M. G. Brunet a bien voulu
se charger de réviser ce travail, et nous lui devons
plusieurs notes bibliographiques importantes.

XVIe siècle. *Buchanan, Guerente, Muret.* — Nous avons
appris de Montaigne que leurs tragédies latines étaient
représentées au collége de Guienne, par les élèves même
de ce collége.

1575. *Chantelouve* (*F. Grossombre de*), né à Bordeaux. — Tragédie de feu Gaspard de Coligny. Lyon.

1576. Le même. — Tragédie de Pharaon.

1607. *Helie Garel.* — Sophonisbe, tragédie en cinq actes. Bordeaux, Amand du Brel, petit in-8°.

1645. *Molière.* — La Thébaïde, pièce qui n'est pas parvenue jusqu'à nous.

1660. *Noguerres.* (*de*). — La Mort de Manlie, tragédie imprimée et jouée à Bordeaux. Bord., Mongiron-Millanges, in-12. — Dédiée au duc d'Épernon. « Quelques beaux vers noyés dans un assez mauvais style. » (Cat. Soleinne).

1672. *Lapoujade.* — Faramond, ou le Triomphe des Héros, tragi-comédie en cinq actes et en vers. Bordeaux, Simon Boé, in-12.

1684. Capiote, pastourale limousine, pièce en cinq actes et en vers. Bordeaux, Delpech.

Vers 1686. *Dumas.* — Le Cocu en herbe et en gerbe. Bordeaux, Jean Séjourné, in-8°.

1712. *Desgranges,* comédien italien. — Les Aventures de Figuereau, promenade de Bordeaux, comédie en deux actes et en prose. Bordeaux, J.-B. Viallanes. — Réimprimée en 1713, à Strasbourg, sous le titre de : Aventures de Schilick, comédie italienne.

1717. *Courtet* (*J-J. de*), seigneur de Prades. — Ramounet ou lou Payzan agenés tournat de la guerro, pièce en cinq actes et en vers. Bordeaux, P. Séjourné. — Autre édition : Bordeu, la Veuzo de F. Séjourné, jouène, 1740, in-12.

1721. *Laroque-Cusson.* — Alphonse et Aquitinie, ou le Triomphe de la Foi, tragédie en cinq actes. Bordeaux, in-8°. — C'est la réimpression, avec quelques changemènts et avec une dédicace au duc de Berwick, gouverneur de la Guienne, d'une tragédie déjà publiée à Toulouse en 1687.

Vers 1730. *Dorville.* — Le Paysan parvenu, ou les Coups de la Fortune, comédie, un acte, — prose, précédé d'un prologue mis en musique par M. Baudau. Bord., P. Calamy, in-8°.

1731. *Bellet* (abbé), professeur d'éloquence au collége de Guienne.— Daniel dans la fosse aux lions, tragédie en cinq actes et en vers. Bordeaux, N. de la Court, in-12.— Dédiée à Mᵍʳ l'archevêque de Bordeaux. Cette pièce fut représentée par les élèves du collége de Guienne.

1747. *Lafargue* (abbé). — Victorin, martyr, tragédie en cinq actes, avec prologue en vers. Bord., J.-B. Lacornée.

1752. *Pick,* receveur des tailles à Bordeaux.—Iphigénie en Tauride, tragédie en cinq actes. Londres, in-8º.

1756. *G***,* comédien du roi, à Bordeaux. — Le Bal de Bordeaux, divertissement au sujet de la prise du Port-Mahon, opéra comique, ballet, tout en vaudeville. Bordeaux, veuve de P. Calamy.

1758. *Noverre.* — La Toilette de Vénus, ou les Ruses de l'Amour, grand ballet héroï-pantomime, de la composition de M. Noverre. Remis au théâtre de Bordeaux par M. Dauberval. Bordeaux, J. Chappuis.

1758. *Destouches* (Pl. Néricault). — Ragonde, opéra. Bordeaux.—Autres éditions à Paris, à Tours.

1758. *Pesselier.* — Azor et Ismène, ou les Fêtes bordelaises, ballet en un acte et en vers. Bord., A. Labottière.

1758. *Sody* (Favard). — Baiocco, parodie du *Joueur,* Bordeaux, Labottière, in-8º.

1759. *Rey.* — La Halte des Savoyards, opéra comique tout en couplets, mêlé de danses. Bordeaux, J. Chappuis.

1762. *Godefroy.* — Le Donneur d'avis, comédie.

1763. *Leclerc* (Louis-Claude). — L'Envieux, comédie en trois actes et en vers. Bordeaux, J. Chappuis.

1764. *Bernowlly.* — Le Philosophe soi-disant, comédie en trois actes. Bordeaux, 1764, in-12.

1764. *Garren,* avocat au Parlement de Bordeaux. — Le Pédantisme, ou le Fléau de la Société, comédie en trois actes et en prose. Bordeaux, F. Labottière.

1764. *Griffy de Juvignac.* — Le Valet prothée, comédie en trois actes et en prose. Bordeaux, J. Chappuis.

1765. M***. — Calisthène, tragédie en cinq actes et en vers. Bordeaux, in-8°.

1765. M*** (Mamin). — Momus courrier, comédie en vers, mêlée de chants et de danses. Bord., F. Labottière.

1767. *Caprez.* — La Belle jardinière, bouquet joué à l'occasion de la fête de Mgr le maréchal de Richelieu, mis en musique par M. Beck. Bordeaux, J. Chappuis.

1767. *Biennoury* (Grevé). — Le Théâtre à la Mode, comédie en trois actes et en vers. Bordeaux, J. Chappuis. — Réimprimée, en 1768, à Lyon.

1769. *Ch**** (de), ancien capitaine de dragons. — La Fille petit-maître, comédie en cinq actes èt en vers, représentée à Bordeaux, pour la première fois, par les comédiens du roi. Paris, Cailleau.

1771. *Mondonville*, musicien. — Alcimadure, opéra.

1772. *Reydy de Lagrange.* — Fanni, comédie en trois actes, tirée des œuvres de M. d'Arnaud, et mise au théâtre par M. Reydy. Bordeaux, M. Racle.

1772. *Collot-d'Herbois.* — Lucie, ou les Parents imprudents, drame en cinq actes et en prose. Bordeaux, Chappuis et Philippot. — Réimprimé à Marseille en 1775.

1773. *Schosne* (abbé *de*). — L'Apothéose de Molière, ou l'Assemblée des acteurs de la comédie de Bordeaux. Veuve Calamy, 1773. — Cette édition présente quelques changements avec l'*Assemblée*, du même auteur, représentée à Paris, par les comédiens français, le 17 février 1773.

1774. M*** (Marandon). — Les Deux Sœurs, comédie en trois actes et en prose. Chappuis et Philippot.

1775. D*** (Didelot). — Lucette, opéra comique, mis èn vers par M. Feyzeau. Bordeaux, M. Racle.

1776. *Dancourt*, l'un des comédiens de Mgr le maréchal duc de Richelieu. — Le Scamandre, divertissement en vers, à l'occasion de la fête de Mgr le maréchal duc de Richelieu, musique des sieurs Rozière, Dugué et Feyzeau jeune. Bordeaux, J. Chappuis.

1776. *Dancourt.*— Ali et Regia, ou la Rencontre imprévue, opéra bouffon, nouveau, en trois actes et en prose, mêlé d'airs, tiré des *Pèlerins de la Mecque.* Bordeaux, J. Chappuis, in-8°.

1777. *Dublan.* — M. Deseffrois, gentilhomme auvergnat, ou le Rodomont, comédie en vers et en cinq actes. Bordeaux, P. Philippot, in-8°.

1777. *Desforges* (P.-B. Choudard).— La Voix du cœur, divertissement en un acte et en prose. Bordeaux, F. Labottière, in-8°. — Desforges a laissé des mémoires assez peu édifiants, dans lesquels il parle de son séjour à Bordeaux. Son portrait en pied est dans le foyer du Théâtre de Bordeaux. De Galard en a publié une bonne lithographie.

1778. Le même. — Richard et d'Erlot, comédie en cinq actes et en vers. Bord., Philippot. Aut. éd., Toulouse, 1779.

1779. *Dorvigny.* — Les Battus paient l'amende, proverbe, comédie-parade ou ce que l'on voudra. Bord. in-8°.

1779. *L**** (A.). — Le Visionnaire, comédie en prose.

1779. *Liniers* (le chevalier *de*). — Le Connaisseur, ou à quelque chose malheur est bon, comédie en trois actes et en vers. Frères Labottière.

1780. *Lantier* (J.-F. *de*). — L'Impatient, comédie en un acte et en vers. Bordeaux, P. Philippot, in-8°.

1780. *La Montagne* (*le baron P. de*). Les Nouvellistes, comédie en vers. Bordeaux.

1780. *Collot-d'Herbois.* — Les Français à la Grenade, ou l'Impromptu de la guerre et de l'amour, comédie-divertissement en deux actes et en prose, mêlée de chants, de danses et de vaudevilles. Bordeaux, Philippot. Il y a une édition antérieure, Lille et Douai, 1779.

1782. *Gères de Camarsac* (*de*). — Ainsi va le monde, comédie, traduit de l'anglais.

1782. *Robineau* (dit *de Beaunoir*). — La Rose et le Bouton, pastorale en deux actes, in-8°.

1782. *Feyzeau.* — Suzette, ou le Préjugé vaincu, comédie en trois actes et en prose, et ariettes, paroles et musique de M. Feyzeau. Bordeaux, M. Racle.

1783. *Lavielle* (M.-R.). — L'Amant soldat et vainqueur, ou le Véritable gascon, comédie en vers. Pallandre l'aîné.

1783. *Marandon.* — Duguesclin à Bordeaux, épisode dramatique, un acte, prose. Bordeaux, Pallandre, in-8°.

1784. *Marandon.* — Emilie et St-Preux, ou l'Officier de mérite, drame en trois actes et en vers. Pallandre l'aîné.

1784. *C**** (H. de Clozanges). — Diane jalouse, ou le Triomphe de l'Amour, opéra en trois actes et en vers, musique de M. Duquesnoy. F. Labottière.

1784. *Dorvigny.* — Les Fêtes de la Paix, ou le Retour des Prisonniers de guerre, in-8°.

1785. Un Bordelais. — L'Emprisonnement de Figaro.

1785. *Latour de Lamontagne.* — Timur-Bec, ou Tamerlan, tragédie en cinq actes et en vers. Bordeaux, Pallandre.

1785. *Barjonville* (*de*). — Bouquet de la Saint-Louis, intermède en un acte et en prose, mêlé de chants et de danses, représenté sur le Théâtre-des-Variétés, à Bordeaux, le 24 août 1785. J.-B. Séjourné, in-8°.

1785. *Dauberval.* — Le Déserteur, ballet-pantomime tragi-comique en trois actes. Bordeaux, P. Philippot.

1786. *Marandon.* — Daphné, pastorale en vers, imitée de Gessner, musique de Duquesnoy. Bord., P. Philippot.

1786. *Beck* (François). — La Fête d'Astrée, cantate allégorique, paroles de M***, musique de Beck. Bordeaux, Racle, in-4°.

1786. *Guillard* (Nic.-Franç.). — Iphigénie en Tauride, tragédie (lyrique) en quatre actes et en vers. Bordeaux, P. Philippot, in-8°, édition antérieure.

1787. *Marandon.* — Ermance, comédie en trois actes et en vers. Bordeaux, P. Philippot.

1788. *D**** (Didelot). — Le Président généreux, ou l'Innocence reconnue, drame en trois actes et en prose. Bordeaux, F. Labottière.

1788. Attribué à *Marandon*. — Le Double emploi, ou d'une pierre deux coups, proverbe dramatique en vers. Imprimé aussi à Bordeaux, chez Pinard, sous la rubrique : Amathonte, 511ᵐᵉ olympiade. — Ce proverbe, un peu libre, est précédé d'une dédicace : « A une honnête femme qui n'est pas bégüeule. »

1788. *Maillot de St-Igny*. — La Veuve de Bordeaux et ses quatre enfants, fait historique, en prose. Bordeaux, P. Philippot.

1789. *Landoalde-Aubert*. — Le Gentilhomme cuisinier, ou les quatre noms, comédie en prose. Pallandre l'aîné.

1790. *Martelly* (Rilhaud), artiste dramatique. — Sujet de Comédie, ou les deux Figaro, jouée à Bordeaux.

1793. *Lafond*, artiste dramatique.— La Mort d'Hercule, tragédie.— Lafond n'avait que dix-neuf ans lorsqu'il fit cette pièce, et elle se ressent, faut-il le dire, de cet âge. Il y joua lui-même un rôle comme acteur. Dans une note, il se qualifie d'envoyé du district aux écoles centrales de santé de Montpellier.

1793. Le citoyen *Penancier*. — La chaste Suzanne, ou le Triomphe de la Vertu, pantomime en deux actes, tirée de l'Ancien Testament. Bordeaux, P. Philippot.

1793. Le citoyen *Penancier*, acteur et régisseur du théâtre de la place nationale de Bordeaux. — Guillaume-Tell, ou le Triomphe de la Liberté, pantomime en trois actes. Bordeaux, P. Philippot.

An II. *Monnet*. — L'Amour sans-culotte, où l'Arbre de la Liberté, divertissement patriotique. Prose et vaudeville. Bordeaux, Laguillotière.

1795. *Duboucher* (*Mathieu*). — Cora (*épisode des Incas*), drame lyrique en trois actes et en vers, musique de Mengozzi. Pinard père et fils.

An IV. *Dauberval* (le citoyen). — L'Oracle accompli, divertissement allégorique, pantomime. Bord., Laguillotière.

1795. *Duboucher* (Mathieu). — Dorbesson, ou le Dévouement paternel, drame en un acte et en vers. Bordeaux. Laguillotière, in-8°.

An V. *Mayeur de Saint-Paul (F.-M.).* — Le Terroriste, ou les Conspirations jacobites, vaudeville en prose. Bord.

An V. *Dauberval.* — Télémaque dans l'île de Calypso, ballet pantomime en trois actes. Bord., Laguillotière, in-8°.

An VI. *Ourry.* — La Danse interrompue, comédie.

An VI (1798). *Désaudras.* — Minuit, comédie en un acte et en prose. Bordeaux, Chappuis, in-8°.

An VI. — Adèle de Saçy, ou le siége de Mont-Cenis, pantomime en trois actes. P. Philippot.

An VI. *Hus* (le jeune). — Tout cède à l'Amour, ballet pantomine en trois actes. Bordeaux, citoyenne Meurisse.

An VI. *Gallet* (Sébastien), maître de ballet. — Bacchus et Ariane, ballet héroïque en un acte. Bordeaux, Racle.

An VII. — La Réunion des Muses, prologue en vers, mêlé de chant et de danses, pour l'ouverture du Grand-Théâtre de Bordeaux, faite le 22 floréal an VII. Bordeaux, citoyenne Meurisse.

1797. — Sautons-nous au cou et n'y retournez plus, ou le Misanthrope par accident et le Philanthrope par repentir, folie nouvelle sur de vieux airs, en trois actes et en prose, et vaudeville ; par un habitant de Bord. P. Beaume.

Le citoyen *Maurin*, artiste du Grand-Théâtre de Bordeaux. — La Paix, ou le Triomphe de Mars, comédie allégorique mêlée de chants. Bordeaux, Laguillotière.

Vers 1800. *Robineau.* — Les Cabotines, scènes épisodiques, historiques et critiques sur les théâtres de Bordeaux, in-8°.

1801. *Martignac* (de), avocat. — Ésope chez Xantus, vaudeville. Paris, 1801, in-8°.

Le même. — Le Spectateur nocturne, vaudeville.

Le même. — Une sur mille, vaudeville.

An VIII. Le cytoyen (sic) *Gallet* (Sébastien). — Acis et Galathée, ballet héroïque en trois actes. P. Philippot.

1802. *Lefèbre.* — Pygmalion, ballet tiré de Jean–Jacques, joué sur le théâtre de Bordeaux.

An IX. Le citoyen *Senanges.* — Le Répertoire, ou l'Assemblée comique, scène d'ouverture, vaudeville. Dubois et Coudert.

Dupérier de Larsan (Romain). — Le Métromane de la Gironde, ou les Caprices dramatiques, comédie en trois actes et en vers. Bordeaux, Vᵉ Louis Cavazza.

An XII. Le même. — M. Lyonnais, grand médecin des petits épagneuls à Paris, comédie en deux actes et en prose.

An XII. — La Vieille femme comme il y en a peu, vaudeville anecdotique en prose. Moreau.

1807. *Despréaux* (Stéphanie-Aline). — Le Retour de Trajan, ou Rome triomphante, intermède en deux actes et en vers, musique de M. Charles Boscha fils. P. Beaume.

1807. *Dauberval.* — Le Siége de Cythère, ballet-pantomime en trois actes, par M. Hus jeune. P. Philippot.

1808. *Clonard* (Jean–Ernest *de*). — L'Épingle et la Rose, ou les Talismans d'amour, comédie-vaudeville en un acte, représentée sur le Théâtre de la Gaîté de Bordeaux. Bordeaux, Lawalle jeune, in–8º.

1810. Le même. — Les Époux de quinze ans, comédie-vaudeville en un acte, représentée sur le Théâtre de la Gaîté de Bordeaux. Bordeaux, Lawalle jeune, 1810, in-8º.

1810. Le même. — Une Fête de village, ou des Bienfaits pour tout le monde, divertissement-impromptu en un acte et en vaudeville. Bordeaux, Lawalle jeune, in-8º.

Desessarts (le chevalier). — L'Amour libérateur, opéra comique en un acte, représenté sur le théâtre de Bordeaux, in-12, 46 pages.

1810. *Dufey* (P.-J.-S.), de l'Yonne. — Alerte, ou les Rêveries de Canéjan, parodie d'Artaxerce, en trois actes et en vers. Bordeaux, in-8º.

1810. *Laville de Mirmont.* — Artaxercès, tragédie en cinq actes et en vers. Bordeaux, in-8º.

Vsannas. — La Soirée du petit Cadet Buteux, à la représentation du ballet intitulé : *la Fille soldat*, pour servir de programme et faire suite au pot-pourri du joyeux Désaugiers. Lawalle jeune.

1814. *Cobourg* (Henri). — Flore au Parnasse, ou la Fête des Lys , divertissement en vers. P. Coudert.

1814. *Gères de Camarsac (de).* — La Mort de Caton, tragédie d'après Addison, en cinq actes et en vers. Bordeaux, Lawalle jeune, in-8°.

1814. *Martignac (de)*, avocat. — La Saint-Georges, comédie-vaudeville. Bordeaux, in-8°.

1814. *Jordan* (Etienne). — La Cocarde blanche, comédie en prose, vaudeville. Bordeaux, Vᵉ Cavazza.

1815. *D**** (Dulaux A.). — La Mère coquette, ou l'Éducation du jour, opéra-vaudeville en un acte et en prose. Bordeaux, Pinard , in-8°.

1815. *Blache* (De Beaufort, dit).—Scylla et Glaucus, grand ballet d'action en trois actes. Bordeaux, Lawalle jeune.

1816. *Roucher* (J.-F.). — Pièces de théâtre. Bordeaux, A. Brossier, 1816, in-8°. Ce recueil contient trois pièces : 1° une Matinée de deux Artistes ; 2° les Dangers de la Corruption; 3° les Artistes dans l'Embarras, vaudeville.

1817. *Barrez.* — Teniers au village, ballet en deux actes. Bordeaux, Lawalle jeune.

1817. *Verdié* (A.). — La Mort de Guillaumet, tragédie burlesque en deux actes. Bordeaux, Vᵉ J.-B. Cavazza.

1818. *Laton-Lalanne.* — Les Mécontents, ou le Choix d'un état, comédie en vers, jouée à Paris et à Bordeaux.

1818. *Gramont* (Louis). — Victorine, ou la Fille guerrière, tableau militaire en prose et vaudeville. P. Coudert.

1819. *Aniel,* maître de bellet à Bordeaux, puis à Paris, à Lyon. — Apollon et Clytie, ou l'Amour protecteur, ballet en deux actes. Bordeaux, Coudert, in-8°.

1819. *Flouch* (Fleury). — Sélim, tragédie en cinq actes et en vers. Bordeaux, Teycheney, in-8°.

1819. *R···* (Rolland) (Hyppolite). — Un Mois à Bagnères, ou le Médecin sans le savoir, vaudeville en prose: J.-B.-P. Lavignac.

1819. *R···* (Roland) (Hyppolite). — Jules, ou l'École militaire, tableau-vaudeville et en prose. Bordeaux, Laguillotière et Cercelet.

1819. *Verdié.* — L'Amour et le Célibat, comédie en vers. Bordeaux, Vᵉ J.-B. Cavazza.

Verdié. — Le Procès de Carnaval, ou les Masques en insurrection, comédie-folie en vers. Vᵉ J.-B. Cavazza.

1819. *Honoré.* — M. Terre-à-Terre, ou l'Aérien de la rue Fondaudège et l'Hercule du cours de Tourny, folie-vaudeville en prose. Bordeaux, Teycheney.

1820. *Belfort, Lepeintre* et *Léon jeune.* — Le Cirque-Bojolais, ou pleuvra-t-il ou ne pleuvra-t-il pas? à-propos parodie-vaudeville en prose. Bordeaux, Teycheney.

1820. *Belfort* et *Rodolphe.* — Honneur et Fatuité, ou le Prix des Braves, opéra-vaudeville en prose, musique de M. Victor Fumery. Bordeaux, Teycheney.

1823. *Blache fils* (Alexis). — Les Lauriers d'Ibérie, ou la France victorieuse, ballet de circonstance. Bord., Pinard.

1824. *Blache fils.* — La Chasse aux oiseaux, ou les deux Volières, ballet. Bordeaux, P. Coudert.

1824. *Blache père* (J.-B.). — La Famille fugitive, ou la Laitière polonaise, ballet pantomime en trois actes. Bordeaux, Teycheney.

1826. *Dupérier de Larsan.* — L'Honneur réparé par l'Amour, comédie en trois actes et en vers, dans l'*Almanach royal*, muse bordelaise, étrennes aux dames. Bordeaux, H. Faye.

1826. *Blache fils.* — Malek-Adel, ou les Croïsés, ballet en trois actes. Bordeaux, Teycheney.

1827. *Dupérier de Larsan.* — Scène de deux Charlatans, vaudeville, et fragment du Duel, tragi-comédie en vers, dans la quatorzième année de l'*Almanach royal*.

1827. *Blache* (Alexis). — Les Grecs, ballet-pantomime en deux actes. Bordeaux, Teycheney.

Le même. — Amadis des Gaules.

1827. *H...é* (Honoré). — La Dame noire, ou le Tambour et la Grisette, pièce de carnaval, imitation burlesque de la Dame blanche, en deux actes et demi, prose et couplets, représentée, pour les quinze premières fois, sur le Théâtre-Français, à Bordeaux.

1828. *F...* (Armand *de*). — Crasseau Cœur, comédie en vers. Bordeaux, F. Pelletingeas.

1828. *Dupérier de Larsan* (Romain). — Iphigénie en Périgord, grand opéra en trois actes ; prospectus en prose. Bordeaux, Pelletingeas.

1828. *Pradel* (Eugène *de*). — Le Buste de Henri IV, comédie en prose et vaudeville. Bordeaux, Laguillotière.

1828. La Mort de Besson, ou les Pirates, tableau historique, prose et ariettes, musique de M. Hyppolite Sonnet. Bordeaux, Teycheney.

1828. *A*** *G**** (de la Charente-Inférieure). — L'Aventurier, ou les Amis d'aujourd'hui, comédie en trois actes, en prose. Bordeaux, P. Coudert.

1828. — L'expédition de Morée, cantate en vers, à quatre personnes, et chœurs. Bordeaux, Lawalle jeune.

1830. *Blache* (Alexis). — Gustave Wasa, ou la Suède délivrée, ballet pantomime en trois époques. Bordeaux, Suwerinck.

1830. *Blanchard* (Henri-Louis). — Camille Desmoulins, ou les Partis en 1794.

Le même. — Dom Pedro.

Le même. — L'Homme libre.

1832. *Bellot des Minières*. — Annibal, tragédie en cinq actes et en vers. Bordeaux, P. Coudert, in-8°.

1833. *Hubert* (Charles). — La Valise de l'officier, ou la Petite maison du notaire. comédie en deux actes et en vers. Bordeaux, in-8°. — M. Ch. Hubert est encore auteur de plusieurs pièces non imprimées, mais jouées à Bordeaux. En voici la note : 1º (en collaboration avec M. Louis Lurine), le Prologue d'ouverture de la nouvelle salle restaurée par M. Cicéri, sous la direction Solomé ; 2º les Infortunes de Gigogne, comédie burlesque en un acte et en vers ; 3º Garre là-dessous, vaudeville en un acte.

1833. *Aniel*, maître de ballet. — Fleurette, ou les Premières amours de Henri, ballet-pantomime en deux actes. Bordeaux, Duviella, 1833, in-8º. 1ʳᵉ éd., Lyon, 1830.

1833. *Lanet* (Édouard). — Jaffier, tragédie en cinq actes et en vers. Bordeaux, Teycheney.

1834. *Perroud*, artiste. — Cadichonne et Mayan, pièce gasconne en un acte, en prose et vaudeville, français et gascon. Bordeaux, P. Beaume.

1835. *Landi* (Gustave).—Estilie, comédie en deux actes et en vers. Bordeaux, P. Coudert.

1835. *Jautard* (Numa). — Deux pour un, ou le Bigame, vaudeville en prose. Bordeaux, R. Teycheney.

1836. *Landi* (Gustave). — Les Politiques, comédie en trois actes et en vers. Bordeaux, Honoré Gazay et Cᵉ.

1836. *Hubert* (Charles).—Une Ville de Province, ou les Pantins politiques, comédie en trois actes et en vers. Bordeaux, N. Duviella.

1839. *Jean*. — Héro, scène lyrique. Bordeaux, A. Castillon.

1840. Le même. — Un Rêve à Bordeaux, ou le Tailleur aux enfers, vaudeville en un acte. Bordeaux, Duviella.

1840. *Picot* (Aimé).— Les Cendres de Napoléon. poésie, jouée sur le Théâtre-des-Variétés, le 12 octobre. Bordeaux, Ramadié et Cᵉ.

1840. *Reynard* (J.). — Abanture de Margoutille et Pieroutet, arribade à la feyre de mars, pièce en vers. Bordeaux, Mons, in-18, 16 pages.

1841. *Blanchard* (Henri-Louis). — Les Milanais, ou les Carbonari.

1846. *Saugeon* (J.-M.-M.). — L'Intrigue électorale, comédie en quatre actes et en vers, représentée sur le Grand-Théâtre de Bordeaux, le 31 juillet 1846. Bordeaux, Balarac jeune, in-8°.

1852. *Lemarchand* (Gustave). — Le petit Tambour et le vieux Sergent, esquisse militaire, jouée à Bordeaux au Théâtre-des-Variétés ; MS.

Après le nom des auteurs qui ont cherché plus ou moins heureusement à enrichir notre répertoire dramatique local, doit venir la liste de leurs interprètes, des acteurs, auxquels revient, si souvent et à si juste titre, une partie des applaudissements qui semblent décernés à l'auteur. Recherchons donc quels noms ont laissé les impressions les plus vives et les souvenirs les plus durables. Il n'en est pas de ce genre de talent, comme de celui du peintre, du sculpteur, de l'architecte, de l'homme de lettres. Pour ces derniers, leurs œuvres leur survivent au moins pendant une longue période d'années, et leur assurent une célébrité proportionnée à leur mérite. Mais le talent de l'acteur, il disparaît avec lui, avec la toile qui tombe ; et c'est à peine si, retiré de la scène, ses contemporains conservent quelques souvenirs des moments pleins de charmes que leur ont procuré des talents souvent merveilleux. Heureux encore l'acteur qui n'assiste pas à ses propres funérailles, et qui, comprenant les mouvements de l'opinion publique, sait se retirer à temps ! C'est donc une œuvre de justice bien méritée que nous allons accomplir, en recueillant quelques-uns des noms les plus célèbres que nous avons pu distinguer, et en cherchant à leur payer un tribut de remercîments pour les plaisirs qu'ils ont procuré à nos concitoyens. Pour quelques-uns d'entre eux, la scène de Bordeaux n'a été qu'une étape d'une durée souvent fort courte, après laquelle ils sont montés sur des théâtres plus élevés, sur les théâtres de la capitale. Nous n'imiterons pas leur oubli, quelquefois leur ingratitude; et à ceux-là, comme à ceux qui sont restés fidèles à la province, nous donnerons place dans notre liste. Et comment pourrions-nous hésiter d'en agir ainsi, lorsque précisément le nom qui va ouvrir la liste des acteurs bordelais est un titre de gloire immortel pour la France entière ;

Molière (1645).

Bellecourt (Jean-Claude-Gilles, dit Colson de), artiste dramatique (1725-1778). « Il sut conquérir les suffrages d'un public difficile, celui de Bordeaux. Il faisait, comme on dit, les délices du parterre bordelais, lorsqu'il reçut un ordre de début pour la Comédie-Française. » (Hoefer, *Nouv. Biog. univ.*)

Mlle *Fel*, née à Bordeaux. « Célèbre musicienne, qui a longtemps fait les délices de l'Opéra de la capitale, par la beauté de sa voix et par un jeu plein de force et de naturel. » (Bernadau.)—Elle fut amenée par J.-J. Rousseau, à Fontainebleau, pour créer sur le Théâtre de la Cour le rôle de Colette dans le *Devin du Village*, 1752. C'est encore pour elle que Jean-Jacques composa, la même année, un motet sur le *Salve Regina. (Confessions).*

Mme *Verteuil*, artiste dramatique, vers 1778.

Mlle *Ferrière*, chanteuse, en 1778.

Martelly, né en 1751, mort à Bordeaux en 1817. Acteur dramatique et auteur de plusieurs pièces de théâtre, notamment de la comédie déjà citée, des Deux Figaro, qui fut représentée en 1790.

Baptiste aîné (Nicolas-Anselme, dit), né à Bordeaux le 18 juin 1761, mort à Paris le 30 novembre 1835 ; entra, en 1792, au Théâtre de la République. « Dans les pères, les raisonneurs, et même dans une partie de ce qu'on appelle les *premiers rôles*, l'ancien et le nouveau répertoire trouvèrent en lui un interprète également distingué. En 1827, il prit sa retraite et devint professeur à l'école de déclamation. »'(Hoefer, *Nouv. Biog. univ.*)

D'Alinval (J.-B. Canavas). — Il arrivait de Bordeaux lorsqu'il débuta, sans être annoncé, le 1er mai 1767, par le rôle de Damon, dans le *Philosophe marié*, ou dans *Mérope*, par Poliphonte. Il resta pensionnaire pendant cette année et la suivante, fut reçu en 1769, remercié en 1776, et mourut en 1784. — D'Alinval doublait ordinairement Brizard dans la tragédie, et jouait encore d'autres rôles de différents emplois. (Lemazurier, *Galerie hist. des Acteurs du Théâtre-Français.*)

Mme *Clarville*, premier rôle dans l'opéra. « Excellente méthode de chant, timbre enchanteur, voix d'une fraîcheur, d'une étendue, d'une flexibilité vraiment prodigieuse ; de l'âme, de la chaleur dans les morceaux d'explosion, exécutant avec un égal succès le chant brillant et léger de la Julie des *Prétendus*, de Colombine du *Tableau parlant*, le chant noble et large d'*Armide* et de *Didon*. » (*Alm. des spect.*)

Lecouvreur, financiers, valets, dans le genre dramatique ; grime dans l'opéra comique. « Molé, que Thalie devait perdre, donna des larmes à Lecouvreur. »

Mlle *Lavoy*, en 1778, artiste dramatique.

Grangé, chanteur, en 1778 ; beau talent.

Monvel, artiste dramatique, vers 1800, « qui, dans un corps décrépit, conservait l'accent du sentiment et commandait toujours l'intérêt et les larmes. » (*Alm. des spect.*)

Mlle *Vanhove*, vers 1800, qui fut surnommée l'heureuse légataire de Dumenil, et fut mariée avec Talma.

Mme *Toussaint*, soubrette, en 1802.

Desforges, acteur comique, rôles de valets, de trial dans l'opéra, en 1804. «Le comédien de la nature.» (Lhospital).

Marignan (Denambre, dit), rôle de valets dans la comédie, né à Bordeaux en 1735. « Il fut pendant vingt ans l'ornement de la scène bordelaise, dans le rôle d'Arlequin, par son jeu naturel et ses spirituelles improvisations. » (*Alm. des spect.*).

Louise Joly, en 1804, jeune première. «Son jeu est fin, aisé, délicat; sa diction pure et soignée; sa tournure décente et vraie. » (*Id.*).

Paulin, premier comique, vers 1804. « Nul comédien ne posséda mieux peut-être la bonne tradition de son emploi. » (*Id.*).

Donat, en 1804. « Une des plus belles, des plus étonnantes haute-contre que l'on connaisse. » (*Id.*).

Fusier, première basse-taille dans le grand-opéra et dans l'opéra-bouffon, vers 1804. « Il fit longtemps les délices de Bordeaux. » (*Id.*).

Perroud, acteur dramatique, rôle de trial dans l'opéra, vers 1804. D'une vérité remarquable.

Duquesnoy, déjà cité comme ayant composé la musique de plusieurs opéras; il en était aussi l'interprète distingué sur la scène, vers 1784.

Dauberval (Bercher, dit), maître de ballet et danseur, mort en 1806.

Mme *Dauberval* (Théodore), première danseuse, née à Paris le 6 octobre 1760, morte à Bordeaux en 1802. Son portrait en buste a été gravé par J. Palliere.

Romainville (J.-L.-F. Donnet, dit), rôle de valets dans la comédie, mort à Bordeaux en 1781. Son portrait a été placé dans le foyer du Grand-Théâtre.

Brochard, chanteur en 1791. « Délicieux dans l'emploi

de Trial et le surpassant, à ce qu'on assure, dans certains rôles. » (*Alm. des spect.*).

Mlle *Huin*, artiste dramatique, vers 1800. « Elle vaut Mlle Contat, du Théâtre-Français. » (*Id.*).

Antonin, danseur, en 1806, né à Bordeaux. « Fort apprécié du public dans le rôle de zéphirs. »

Mlle *Begrand*, première danseuse, en 1816.

Mlle *Montano*, dugazon, en 1816.

Eugène, basse-taille, vers 1816.

Blasis, danseur, en 1816, auteur d'un traité sur la danse, fils d'un compositeur célèbre.

Vigny, joua avec distinction les Martin et ténors légers, vers 1815.

Riquier, premier rôle dans la comédie, vers 1816.

Mme *Coustou*, première danseuse, en 1816.

Mlle *Evélina Fleurot*, première danseuse, vers 1820.

Mlle *Sainville*, première chanteuse, vers 1820. « Voix pure, suave, éclatante. »

Lachouque, premier danseur, en 1820.

Mme *Rivière*, première danseuse, en 1820.

Mme *Peyssard*, première danseuse, en 1820.

Constant (Auguste), mort à Lyon, sur le théâtre, en 1845; rôle de valets dans la comédie.

Lafond, artiste dramatique, qui fit ses premiers essais à Bordeaux, d'où il passa à Paris; revint jouer à Bordeaux, où il est mort vers 1850.

Ligier, passa de Bordeaux à la Comédie-Française, où il créa, notamment, le rôle de Louis XI.

Lepeintre aîné, joua longtemps le vaudeville comique à Bordeaux, d'où il passa à Paris.

Nous touchons à notre époque. Au risque d'effaroucher leur modestie, nous citerons encore dans le genre dramatique : MM. Colson, premier rôle, nourri des bonnes traditions classiques, et passé au Théâtre-Français professeur de déclamation; Raucourt, si plein de sentiment; Achard, co-

mique de bon ton, chanteur charmant ; Hyppolite Landrol,
toujours naturel et plein de rondeur ; M. Doligny, comique
de bon goût, que son court séjour n'a point effacé de nos
souvenirs ; Delacroix, premier rôle dans la comédie, qui
créa à Bordeaux, avec une verve si originale, les rôles du
Comte de Rautzan dans *Bertrand et Raton*, et d'Alvimar
dans *Angèle*, etc.; M. Roussel, financier ; Mmes Baptiste,
Lagardaire-Fortier, Alexis Bury, Barrière; enfin, M. Sainti,
aujourd'hui le doyen des artistes bordelais, qui joue dans
la comédie et l'opéra depuis 1813, toujours applaudi du
public pour sa bonhomie et sa vérité.

Dans l'opéra, accordons des places d'honneur à Messieurs
Thianny et Moreau-Sainti, premiers ténors ; Mlle Belle-
mont, chanteuse légère ; M. Grignon, baryton ; Mme Fer-
rand, forte chanteuse ; Mme Sallard, si fine comédienne, si
excellente musicienne ; M. Leclerc jeune, basse-taille ;
M. Valgalier, fort ténor ; Mlle Elian, chanteuse légère ;
M. Koubly, fort ténor, que l'on cherche depuis longtemps,
mais vainement, à remplacer ; Mme Widemann, qui, dans
le rôle d'Odette (*Charles VI*), s'élevait souvent à la hauteur
de Mme Stolz ; Mlle Koska, forte chanteuse ; Mlle Julien, forte
chanteuse, à la voix éloquente ; Mme Montaubry ; MM. Pé-
rilié, basse-taille, et Barielle, basse-chantante, deux chanteurs de haut mérite, que nous regretterons longtemps ;
Montaubry, ténor léger, qui rappelle l'élégance et la sûreté
de méthode de Thianny ; Ismaël, baryton, tel que la province en compte bien peu.

Dans le ballet, nous aurions une plus longue nomenclature à donner, si nous voulions citer tous les talents qui
ont pris naissance à Bordeaux, et que le goût du public a
su former. N'est-ce pas ici que se sont révélés deux artistes
classés aujourd'hui au premier rang à l'Académie impériale
de Musique, M. Lucien Petit-Pas et Mme Guy-Stéphan ?
Et les noms suivants ne réveillent-ils pas de délicieux souvenirs de grâce et d'élégance ? Mmes Clara, Louisa, Bellon,

Angélique Martin, dont plus tard la fille rappela les charmes
de la mère ; Mme Lucile-Chopis, au jeu si plein de finesse
et de naïveté ; M. Durand, dont la danse semble rivaliser de
suavité avec celle des danseuses les plus distinguées ; Mes-
demoiselles Laborderie et Carlotta de Vecchy, qui se complètent l'une l'autre par des mérites opposés, et toutes deux re-
marquables, l'une par la grâce et la souplesse, l'autre par la
légèreté et la pureté des traits ; enfin, deux jeunes élèves
de l'école de danse, que nous n'hésitons pas à nommer ici,
à côté de talents plus mûrs, parce que, écloses, à peine ap-
parues, elles brilleront bientôt aux premiers rangs, Mesde-
moiselles Adèle Combes et Léonie.

Nous avons été fort sobres dans le choix des noms,
et cependant ces listes contiennent un assez grand
nombre d'acteurs aujourd'hui engagés : c'est que l'ensemble de la troupe actuelle, formée par les soins de
M. Juclier, est des plus satisfaisants et des plus complets, un ou deux premiers rôles exceptés, et que sa
composition témoigne hautement de l'intelligence de
ce directeur.

Voilà certes des nomenclatures qui semblent pro-
mettre de longues séries de succès. Mais, hélas ! qu'il
en est peu ainsi ! Que l'on lise l'historique fait avec
une si louable patience par M. Desgranges (1). Le sort
des entreprises théâtrales, ce sont d'éternelles nécro-
logies ; l'auteur, médecin, a vraiment pu se croire,
pendant le cours de son travail, dans une salle d'au-
topsie. Ainsi, sur une quarantaine de gestions diverses,

_____

(1) *Actes de l'Académie des Sciences, Belles-Lettres et Arts de
Bordeaux.*

enregistrées depuis 1688 jusqu'à nos jours, c'est à peine
si on peut en noter trois ou quatre qui ont donné des
résultats satisfaisants, au double point de vue des
plaisirs du public et des bénéfices du directeur ; les
noms de MM. Baignol, Solomé, survivent seuls dans
cette foule. Espérons qu'on pourra y joindre un jour
la direction actuelle ! La faillite et la ruine, voilà donc
la fin ordinaire d'entreprises difficiles, il est vrai, mais
confiées aussi trop souvent à des hommes dénués de
tout esprit artistique et littéraire, pour ne pas dire de
toute capacité. Et ce qui a lieu à Bordeaux se passe
dans presque toutes les grandes villes. Un tel sujet présente donc une étude sérieuse : s'il était possible d'en
découvrir les points faibles et d'indiquer des remèdes
propres à remédier au mal, ce serait être utile à la
fois à l'art et aux artistes. Le désir de servir une si
noble cause nous engage à terminer ce travail par
quelques vues de réformes à introduire dans le régime
des théâtres.

QUELQUES VUES

DE RÉFORME THÉATRALE

Avant d'aborder cette étude, et pour nous mettre à l'abri de la crainte de nous livrer à un travail oiseux, arrêtons-nous un instant sur des critiques formulées, il n'y a pas longtemps, au nom des partisans de la liberté et du libre-échange, par un des plus zélés et des plus brillants champions de cette doctrine, par Bastiat, et, après lui, par un de ses disciples les plus distingués, par M. de Molinari.

Bastiat appliquait ses théories d'économie politique au théâtre, et lui reprochait de ne pas profiter aux contribuables, selon la part de chacun; il accusait l'institution d'être entée sur le principe du socialisme et de la protection; ses conclusions n'allaient à rien moins qu'à demander que l'État leur refusât toute subvention. Les mêmes attaques pouvaient évidemment être dirigées à aussi bon titre contre les subventions municipales, qui devraient, dès-lors, être refusées par les mêmes raisons.

Le système par excellence, aux yeux des économistes, c'est celui de la liberté et de la concurrence.
Il n'y a donc pas lieu à réglementer, mais seulement
à laisser faire, laisser passer. Ouvrez les écluses, rom-
pez les digues, et tout sera pour le mieux dans le
meilleur des mondes possibles.

Nous ne ferons pas difficulté d'admettre avec les
économistes que le principe d'autorité a pu être poussé
trop loin dans ses conséquences; nous croyons qu'il est
possible, convenable même, de lâcher des liens trop
étroits de nos jours, et de laisser faire, laisser passer,
un peu plus que par le passé; mais qu'il convienne de
passer à la liberté illimitée, nous ne saurions y sous-
crire; ce serait à nos yeux la ruine de l'art, l'abaissement moral de la nation.

Et, pour tout dire, il faut remonter plus haut encore;
car les économistes ne mettent pas en doute la question
de l'utilité du théâtre; et, bien que le goût public, le
sens commun, aient fourni la même solution, il est
toujours des moralistes qui, à l'exemple de Montaigne,
tolèrent simplement les spectacles, et encore à titre de
« divertissements de pires actions et occultes. » S'il
n'y avait pas d'autre argument en leur faveur, nous
n'hésitons pas, pour notre part, à les condamner avec
Saint-Chrysostôme et Bossuet; car nous n'admettons
pas un mal, même en vue d'en éviter un pire.

Le théâtre, pour nous, est tout autre chose; c'est
la réunion et l'ensemble de tous les arts. Son but,
c'est celui des beaux-arts : exciter le sentiment du
beau et nous rapprocher ainsi de l'infini; représenter

des idées par des symboles qui parlent à la fois aux
sens, à l'âme et à la raison; révéler la vérité sous la
forme sensible.... » (1).

« Le beau, c'est le vrai et le bien manifestés à l'homme
sous une forme sensible. Le beau ne serait que le vrai et
le bien, s'il n'avait des formes; encore une fois, c'est la
forme sensible du vrai et du bien qui les fait devenir ce
que nous appelons la beauté. Le beau a donc pour ainsi
dire deux parties : une partie morale et une partie sensible. La partie morale, c'est le bien et le vrai, dont le beau
est la manifestation ; la partie sensible, c'est la forme, sous
laquelle le vrai et le bien se manifestent à nos organes.
Ce que nous venons de dire du beau s'applique exactement
à l'art; il faut également distinguer dans l'art le fond et
la forme, l'idée morale et l'expression de cette idée, ou la
matière par laquelle l'idée est rendue sensible. Considérés
dans leur fond, dans l'idée morale qui les anime, tous les
arts sont égaux, similaires, identiques. Il ne peut y avoir
qu'un seul art, parce que l'idée morale est partout la
même. Mais si l'on examine la forme sous laquelle cette
idée nous apparaît, alors on reconnaîtra des arts différents. Ainsi, l'idée morale identifie les arts, la forme de
l'expression les sépare. L'idée morale s'adresse à l'âme, la
forme s'adresse aux sens. Pour trouver la différence des
arts, il faut donc nous tourner vers leurs formes; ce n'est
pas dans leurs rapports avec l'âme que les arts sont différents, c'est dans leurs rapports avec les sens. Par les sens,
le beau s'introduit jusqu'à l'âme, centre où se confondent,
dans un effet unique, les différents effets que l'art produit
sur notre sensibilité. Une fois arrivés à l'âme, les arts s'i-
dentifient, mais ils prennent différentes voies pour y arriver. Combien donc y a-t-il de voies qui fassent parvenir le

(1) *Dict. des Sciences philosophiques*, Théorie des Beaux-Arts.

beau jusqu'à l'âme? En d'autres termes, par combien de sens pouvons-nous percevoir le beau?

» Des cinq sens qui ont été donnés à l'homme, trois, le goût, l'odorat et le toucher, sont incapables de nous transmettre le beau; et si l'on prétend que, joints aux deux autres, ils peuvent contribuer à étendre le sentiment de la beauté, du moins faut-il reconnaître que, laissés à eux-mêmes, ils sont incapables de servir à la transmission du beau (1).

» Deux sens seuls font donc juger du beau, c'est la vue et l'ouïe. Si l'on cherche la raison de cette noble prérogative attachée à ces deux sens, on trouvera qu'ils ne sont pas aussi indispensables que les autres à la conservation de l'individu. Ils servent à l'embellissement, mais non au soutien de la vie; ils nous procurent des plaisirs dans lesquels l'homme se perd de vue, et le moi se déverse sur le non moi. C'est donc à la vue et à l'ouïe que l'art doit s'adresser pour pénétrer jusqu'à l'âme; de là cette grande division des arts en deux classes : art de l'ouïe, art de la vue. L'ouïe renferme deux arts : la parole et le chant, la poésie et la musique, dont la forme sensible est le son; la vue contient tous les arts, dont la matière se développe dans l'espace : la peinture, la sculpture, l'architecture et l'art des jardins. Nous avons écarté déjà de la liste des arts, la philosophie et l'histoire, qui ne servent pas de but à elle-même, et qui ne tendent qu'à instruire. Nous avons écarté l'éloquence, dont la fin est de persuader et non de toucher et de plaire : l'émotion et le plaisir ne sont pas des arguments; lorsque l'orateur les rencontre, c'est une bonne fortune dont il doit profiter, mais qu'il ne doit pas chercher, sous peine de fraude et d'imposture. C'est ainsi que Socrate comprenait l'éloquence. Nous écartérions de même

_____

(1) V. Cousin, *Sur le fondement des idées absolues du vrai, du beau et du bien*, p. 284, éd. de 1836.

l'architecture et l'art des jardins, si on les faisait servir à d'autres fins que le beau (1). ».

» L'élément capital de la beauté, c'est l'idée morale ; l'idéal diffère du réel, en ce qu'il se rapproche beaucoup plus de l'idée morale. Dans toutes choses, il y a du général et du particulier, de l'unité et de la variété ; deux objets et deux objets font quatre objets, voilà une vérité ; mais dégagez l'unité de la variété, vous aurez deux et deux font quatre, c'est-à-dire la forme la plus pure de l'idéal. L'idéal, c'est donc ce qui réfléchit le plus purement l'idée renfermée dans l'objet ; le réel, c'est le particulier, c'est ce qui frappe les sens. Le but de l'art est donc d'arriver à l'idéal, c'est-à-dire d'épurer assez la variété et l'unité pour qu'elles reflètent le plus purement possible l'idée morale (2). Nous arrivons donc à ce précepte fondamental, que l'expression est la loi la plus haute de l'art. Tout art qui n'exprime rien, n'est pas un art. La seconde loi de l'art, c'est la composition, c'est-à-dire l'emploi des moyens matériels pour arriver à l'expression. Je ne comprendrais rien à une composition qui n'aurait pas ce but (3). »

» L'art qui sera le plus expressif sera donc le premier. — Or, celui de tous qui me paraît le mieux réfléchir la beauté universelle, qui la reproduit sous toutes les formes et de toutes les manières, c'est la poésie. C'est l'art par excellence ; il exprime la beauté d'une manière à la fois déterminée et indéterminée, finie et infinie. Deux ou trois

(1) Cousin, *Ouv. cité*, p. 286.
(2) Voilà dans quel sens il faut entendre la théorie de *l'art pour l'art*, maxime vraie, quand elle est bien comprise.— Voir, sur ce sujet, après la préface de *Cromwell*, par M. Victor Hugo, l'article, déjà cité, sur la théorie des beaux-arts, inséré par M. Bénard, professeur de philosophie au Lycée Bonaparte, dans le *Dictionnaire des Sciences philosophiques*, et plus récemment encore la préface du roman *Mont-Revéche*, par Mme George Sand.
(3) Cousin, *Ouv. cité*, p. 277.

mots lui suffisent pour exciter dans l'âme les émotions les plus profondes. Aussi, les artistes ne s'y trompent-ils pas; ils savent bien, sans cependant l'avouer, que la poésie l'emporte sur tous les arts; et, lorsqu'ils veulent élever un tableau au-dessus de tous les autres, ils disent que c'est de la pure poésie (1). »

» Comme je refuse aux beaux-arts tout but d'utilité, comme l'art ne doit servir qu'à lui-même, c'est-à-dire à l'expression du beau, je dois effacer l'éloquence de la liste des arts. Elle a pour but de persuader, de défendre celui dont elle a pris en mains les intérêts. Si elle ne se proposait que de plaire, on pourrait la regarder comme un art. Mais l'éloquence est-elle et doit-être un jeu! Le malheureux, sur la tête duquel s'appesantit une accusation capitale, regarde-t-il l'éloquence comme un amusement, comme un moyen d'exprimer purement et simplement le beau? La philosophie ne figure pas non plus parmi les arts; elle ne se propose que d'instruire. Si le philosophe ne s'occupe que de plaire, que d'exprimer la beauté, il est artiste; mais il cesse d'être philosophe. Il en est de l'histoire comme de la philosophie : le principal but de l'histoire doit être d'instruire les générations à venir, et de leur faire mettre à profit les fautes des générations passées; elle ne peint pas pour peindre, mais pour prouver. Ayant écarté l'éloquence, la philosophie et l'histoire, qui se servent de mots comme la poésie, mais qui les tournent vers un but d'utilité, quel est celui des arts que nous mettrons en seconde ligne; en d'autres termes, quelle est la forme la plus expressive après le mot? C'est la mélodie. Sous une forme déterminée, la mélodie est, après la parole, l'expression qui altère le moins l'idée universelle et infinie que nous appelons le beau. Aussi quelle vivacité d'émotion ne produit pas la musique! Elle change en un instant les sentiments de notre âme; elle

_____

(1) Cousin, *Ouv. cité*, p. 280.

nous fait passer de la tristesse à la joie, et de la joie à la tristesse; et par son vague même, elle ouvre une vaste carrière aux jeux de l'éloquence. Sans doute, les effets de la musique sont quelquefois les mêmes que ceux de l'éloquence : elle vous arrache les armes des mains, ou elle vous fait voler au combat; mais ce sont là les résultats de la musique, et non le but qu'elle se propose, et, en conséquence, on ne peut l'accuser de se mettre au service de l'intérêt. En appliquant aux autres arts la mesure dont nous nous sommes servis pour la poésie et la musique, c'est-à-dire en examinant ceux dont la forme est la plus expressive et se rapproche le plus du beau, en s'écartant le plus de l'utilité, nous arriverons à ranger la peinture immédiatement après la poésie et la musique, et ensuite viendraient s'échelonner, à des distances diverses, la sculpture, l'architecture et la construction des jardins (1). »

M. Cousin a montré dans d'autres pages la différence qu'il y a entre le beau et l'utile. D'après ces idées, on pourrait dénier à l'architecture le droit d'être classée au rang des beaux-arts; car, comme l'éloquence, elle se propose pour but premier l'utilité; et ce n'est que secondairement, et pour briller de tout son éclat, qu'elle doit emprunter le caractère du beau. Mais, par compensation, nous croyons que la nomenclature ci-dessus offre une omission importante, en passant sous silence la chorégraphie, la danse, que tous les peuples ont cultivée, les peuples sauvages comme les peuples civilisés, qui exprime tous les sentiments de l'âme, le deuil et la joie, le sentiment religieux et le sentiment guerrier, l'innocence et les

(1) Cousin, *Ouv. cité*, p. 282.

plaisirs de l'hymen ; la danse, qui est au geste ce que
la musique est à la poésie, analogie qui fait appeler
par Plutarque la danse une *poésie muette*, et la musique
une *danse parlée*; la danse, qui de nos-jours, surtout
en France, a été poussée à un si haut degré de perfection et se prête à des spectacles d'une si grande
magnificence ; la danse, qui, transformée en gymnasti-
que, devient un des éléments de l'éducation et prête
un puissant concours à la médecine.

Mais voilà plus de lignes qu'il n'en fallait pour justifier les beaux-arts et les plaisirs du spectacle. Nous
nous sommes laissé aller au plaisir de citer un des
maîtres de la science et dont le témoignage était irré-
cusable. Il n'y a donc plus de contestations possibles
sur ce point : cultiver le théâtre, c'est inspirer des
idées plus nobles, des sentiments plus délicats ; c'est
adoucir les mœurs, rendre les hommes plus sociables
et plus vertueux ; c'est briser les liens qui nous atta-
chent au réel, pour s'élever à l'idéal, à la beauté morale, à la beauté pure, et sans tache.

Hâtons-nous maintenant de reprendre les arguments
des économistes qui ne contestent pas la convenance
et l'utilité du théâtre; puisqu'ils en demandent; au
contraire, le développement ; et, d'accord avec eux
sur le but, montrons, s'il est possible, l'erreur dans
laquelle ils tombent, à notre avis, lorsque, pour y
arriver, ils demandent la liberté sans contrôle et la
concurrence sans limite.

Ces deux moyens conduiraient, selon nous, à un
résultat inverse de celui auquel ils tendent ; nous vou-

lons dire l'abaissement de *l'art national* et l'abaissement du sens moral de la nation. L'état actuel du
théâtre est, sans doute, un état artificiel qui s'est formé
à l'ombre de la protection ; nous ajoutons, et qui ne
peut se soutenir sans elle. Que les subventions fussent supprimées, à quel taux ne faudrait-il pas tari-
fer le prix des places, pour que leur produit couvrît
les dépenses ? Se trouverait-il assez de personnes ri-
ches pour soutenir de telles entreprises ? La négative
n'est pas douteuse. Supprimer les subventions, c'est
donc fermer les théâtres subventionnés, pour ne laisser subsister que les théâtres qui jouent les genres
moins élevés. Avec la subvention disparaissent la musique et la danse dans leur expression la plus noble,
la plus élevée ; et les voilà remplacés par la chansón-
nette, les tableaux vivants. Les tréteaux en plein vent,
voilà ce qui prend la place des merveilles de l'optique
et de l'acoustique.

Mais, dira-t-on, sous l'empire de la concurrence,
un plus grand nombre d'artistes se formera ; les services tomberont à un grand rabais, et les dépenses
seront réduites. Ce résultat, en admettant qu'il se
produisît, ne se manifesterait que dans un long ave-
nir. Il faudrait traverser une longue éclipse, durant
laquelle les beaux-arts retomberaient à l'état d'en-
fance, et dont l'ombre couvrirait peut-être plus d'une
génération. Et, d'ailleurs, les traitements des acteurs
sont-ils donc toute la dépense des théâtres ? Les frais
de décors et de costumes ne sont pas un article de
dépense tout aussi considérable ; et, ici, il y a peu de

réduction à espérer. Il est donc bien plus prudent de
conserver d'abord l'organisation actuelle, et, sans la
détruire, de chercher à l'améliorer graduellement.
C'est la voie la plus sage, la plus modérée, celle
dans laquelle, pour notre part, nous marcherons toujours.

Il est très-vrai, sans doute, que, dans le système
actuel, la dépense ne profite pas toujours à ceux qui
la payent. Mais n'est-ce donc que pour le théâtre qu'il
en est ainsi? A l'aide de ces principes, on pourrait
demander le renversement de presque toutes les institutions, et se précipiter dans l'inconnu de la façon
la plus téméraire. Telle n'est pas, sans doute, la pensée
des économistes que nous combattons. Lorsqu'un résultat est bon, il faut maintenir précisément le moyen
qui le soutient, alors même qu'il serait mauvais, sauf
à chercher à rectifier ce moyen. Nous croyons donc
faire une concession suffisante aux économistes, la
seule que la raison et la prudence autorisent, lorsque
nous demandons ; non une liberté illimitée, mais une
expansion graduelle.

Et ce n'est pas encore sans conditions restrictives
que nous pensons qu'on pourra l'accorder. Il y a
mieux, nous avons défendu le théâtre dans son principe, comme expression et résultat des beaux-arts ;
mais le théâtre, tel qu'il est de nos jours, conduit-il
bien sûrement au résultat auquel doit arriver la culture des beaux-arts : la moralisation et l'instruction
du peuple ? Jusqu'à quel point satisfait-il au précepte
d'Horace : *Ridendo castiget mores?* Celui à qui ses

propres perceptions n'auraient pas suffi pour donner
une conviction, nous le renverrons au Iambe xii
d'Auguste Barbier. Nous n'en citerons ici que quelques vers applicables à tant de vaudevilles :

C'en est fait aujourd'hui de la beauté de l'art !
Car l'immoralité, levant un œil hagard,
Se montre hardiment dans les jeux populaires ;
Les théâtres partout sont d'infâmes repaires,
Des autels de débauche, où le vice éhonté
Donne pour tous les prix leçon d'impureté.
C'est à qui, chaque soir, sur leurs planches banales,
Étalera le plus de honte et de scandales ;
A qui déroulera, dans un roman piteux,
Des plus grossières mœurs les traits les plus honteux ;
Et, sans respect aucun pour la femme et pour l'âge,
Fera monter le plus de rougeur au visage.

Si donc nous demandons que l'on multiplie les
théâtres, et que, selon la belle expression de Diderot,
ici parfaitement vraie, *l'on élargisse Dieu,* ce n'est que
sous cette réserve stricte que le théâtre ne pourra jamais avoir d'autre effet que de moraliser et d'instruire.

Pour y arriver plus sûrement, M. Lockroy a demandé que les théâtres passassent des attributions du
ministère de l'intérieur dans celles du ministère de
l'instruction publique, voulant ainsi montrer bien
clairement que le théâtre ne doit être qu'un moyen
complémentaire d'éducation. Mais ici, nous pensons
que M. Lockroy a confondu le but avec le résultat.
Si le théâtre a pour objet exclusif la culture du beau,
et si le beau est distinct du bien, les théâtres ne doi-

vent pas cesser d'appartenir à la division et au ministère qui s'occupent des beaux-arts.

De plus sérieuses garanties doivent se trouver dans
une institution bien vivement combattue; mais que,
pour notre part, nous n'hésitons pas, non-seulement
à admettre, mais même à déclarer indispensable ; nous
voulons dire la censure.

On a dit contre cette institution que la répression
était suffisante, et l'on a cité en exemple la liberté de
la presse. Mais la presse est à la disposition de tout
le monde; c'est pour ainsi dire une arme banale. Celui
qui est attaqué dans un journal peut répondre le len-
demain. L'individu joué, ridiculisé sur le théâtre,
ira-t-il composer une pièce à titre de réplique ?
D'ailleurs, la presse, si elle a des inconvénients, les
guérit par elle-même, nous voulons dire par son im-
mense étendue, tandis que le théâtre, qui n'a qu'une
influence bien plus limitée, est par cela même d'autant
plus dangereux.

Si la censure a des inconvénients, cela tient bien
plutôt au mode de son organisation qu'à son principe.
Nous ne voudrions pas, il est vrai, la voir confiée
exclusivement à des fonctionnaires, quelque dignes,
quelque compétents d'ailleurs qu'ils pussent être pour
une mission aussi grave et aussi difficile que celle qui
confère le droit de mettre des entraves au génie de l'artiste. Nous voudrions que le droit de censure fût exercé
dans chaque département par un comité composé de
trois membres du conseil-général, de trois membres
du conseil d'arrondissement, de trois membres du

conseil municipal, de six membres de l'Académie du
département, d'un représentant du préfet, d'un représentant de l'autorité judiciaire.

Sous la condition d'une censure établie selon ces
bases, nous ne voyons aucune objection à l'extension,
et à la généralisation des plaisirs du théâtre. Ce ne
serait là, après tout, qu'un retour aux temps anciens, puisque le Théâtre Pompée, à Rome, contenait
plus de vingt-sept mille places, celui de Marcellus
trente mille, le Cirque Maxime cent cinquante mille
(mais le cirque n'était fait que pour les yeux). Ces
théâtres demi-circulaires, avec leurs gradins super-
posés, semblaient porter la trace des premiers lieux
de réunion, qui furent sans doute au pied du versant
circulaire d'une colline. Les conditions de l'art moderne ne permettent guère de créer des salles qui
contiennent plus de quatre à cinq mille spectateurs.
M. Barthélemy paraît bien avoir réalisé un progrès
nouveau dans l'érection d'une salle de concerts, ouverte en 1851, à Paris, rue Neuve-Saint-Nicolas,
n° 20. Mais les lois de l'acoustique imposeront toujours des limites forcées et même assez restreintes.
C'est donc plutôt en multipliant le nombre des théâtres
qu'en leur donnant de plus vastes dimensions qu'il
faut chercher à populariser le théâtre.

Nous ne pensons pas qu'il convienne de livrer la
construction des théâtres et l'ouverture d'une salle à
l'industrie privée, affranchie de l'obligation d'obtenir
l'autorisation du pouvoir compétent; nous ne parta-
geons pas à ce sujet les doctrines émises par un célèbre

feuilletoniste : « Pourquoi empêcher des gens qui veulent se ruiner de le faire ? (1) » A cela, nous n'hésitons pas à répondre : c'est un malheur qu'on ne puisse l'empêcher dans tous les cas ; mais ce n'est pas une raison pour qu'on n'y porte pas obstacle, lorsqu'on peut le faire. D'ailleurs, d'autres questions plus graves encore, questions de sûreté publique, et bientôt d'art, de morale, sont ici engagées, et font une loi plus impérieuse encore à l'autorité d'intervenir.

Ainsi, ce sera toujours, selon nos idées, à l'autorité à fixer le nombre des théâtres dans une juste proportion avec la population des villes ou des arrondissements de police.

Le choix d'un directeur d'un théâtre devra toujours être soumis à l'examen de la commission de censure.

La construction de la salle devra être l'objet d'une investigation sévère et minutieuse, au point de vue de la sûreté et de la salubrité.

Enfin, pour l'exploitation du théâtre, pour le choix judicieux des pièces susceptibles d'être représentées, pour l'ordre qui doit régner, en tout temps, dans le personnel de la troupe, pour les conseils de tout genre à adresser au directeur, il y aura, indépendamment de l'action de la police, une commission permanente de *surveillance*, nommée par le préfet, et composée d'un conseiller municipal ; de trois notables et de

---

(1) M. Jules Janin, devant la Commission du Conseil-d'État chargée de faire une enquête sur les théâtres.

trois artistes : un architecte, un peintre, un musicien. Le directeur assisterait aux réunions.

Les délibérations de ces corps n'auraient, il est vrai, en principe, qu'un caractère purement officieux et facultatif pour le directeur; cependant, en cas de dissentiment grave, l'autorité préfectorale pourrait être saisie et prononcerait après avis du conseil de censure.

Ce système de commission de surveillance existe ou doit exister de nos jours dans tous les établissements qui ressortissent à l'autorité publique : pour les bibliothèques publiques (ordonnance du 22 février 1839), pour les écoles de tout genre, pour les asiles d'aliénés, etc.; il remplace avantageusement les commissions administratives, lesquelles ne survivent plus que pour les hospices et ont déjà même disparu dans le dernier cas à Paris. M. Destrem n'a eu garde d'omettre cette sage institution, dans son *Projet de réforme théâtrale en province, proposée pour la ville de Bordeaux* (1). Enfin, le Théâtre-Français, avec son comité de lecture, présente, sous plus d'un rapport, une organisation analogue à celle dont nous demandons la généralisation.

Une des attributions les plus essentielles et les plus importantes de cette commission serait de juger les débuts et d'admettre les acteurs; mais ici il n'y a véritablement qu'à pressentir l'opinion du public, le vrai et le meilleur juge en pareille matière; la com-

(1) Bord., Durand, 1848, in-8º.

mission, dans ce cas, devrait donc s'adjoindre, pour s'éclairer, un grand nombre d'habitués des théâtres, qui seraient admis à voter avec eux. ,

Nous croyons que les auteurs n'auraient rien à redouter de l'autorité de la commission de censure, peut-être auraient-ils quelquefois à profiter de ses conseils et de ses avis. Les acteurs n'auraient certainement pas moins à gagner à l'action de la commission de surveillance. Déjà, depuis bien des années, le sentiment public est devenu plus équitable sur leur compte ; il ne dépend alors que d'eux-mêmes de se voir placés, dans la société, à côté de l'auteur qu'ils secondent. Les mesures que nous indiquons amèneraient rapidement ces résultats. Ce serait surtout à l'actrice qu'elles profiteraient, à l'actrice, qui devrait être l'objet d'un respect d'autant plus marqué, que sa position est plus délicate et entourée de plus de périls.

Sous l'empire de ces conditions, un assez bon nombre de théâtres, où l'on jouerait le vaudeville, la comédie et le drame, s'ouvrirait rapidement. Mais là, avons-nous dit, ne doit pas se borner l'action publique. Il faut soutenir et *protéger* les genres aujourd'hui exploités, dernière expression de l'art, qui succomberaient bientôt dans leur lutte contre le bon marché, et disparaîtraient, s'ils n'étaient subventionnés, dans les départements, par les villes chefs-lieux ; à Paris, par l'État. Mais, en leur prêtant un concours plus étendu, l'autorité a aussi pour droit et pour devoir d'exercer un contrôle plus sérieux.

Là, le directeur ne doit plus seulement être accepté

par l'autorité, mais choisi par elle. Ce choix est assurément une des plus graves questions qui puisse se
présenter. Que de qualités doit, en effet, réunir un
directeur de théâtre! Il ne faut pas seulement un
homme de goût, un homme capable d'apprécier une
œuvre littéraire, musicale, chorégraphique; il faut
aussi les connaissances d'un comptable, et celles
encore plus rares d'un administrateur. Un directeur
doit avoir l'autorité nécessaire pour conduire une
vaste troupe, composée des caractères les plus différents; le vrai directeur, pour tout dire, c'est Molière,
poète, acteur, chef de troupe, et, pardessus tout et
avant tout, philosophe. Le choix de cet homme est
donc d'une difficulté extrême. Aussi est-ce presque
toujours par l'incapacité d'un directeur que périt une
administration de théâtre.

Le mode de nomination qui nous paraît offrir le
plus de garanties, est celui d'une proposition par le
maire et le préfet, et de la nomination par le ministre. C'est le mode le plus généralement en vigueur;
celui qui paraît offrir les plus sérieuses garanties.

Le même mode serait suivi pour la nomination du
receveur-économe, astreint, en outre, à un caution-
nement et soumis aux règles de la comptabilité publique. Aujourd'hui, nulle règle fixe; là, où le directeur
n'est pas lui-même en mesure d'imprimer de l'ordre
et de la correction, on peut affirmer qu'il n'existe
aucune comptabilité sérieuse.

Ces différents employés devraient avoir, en sus de
traitements assez limités, des remises proportionnelles

aux bénéfices nets. Ainsi, dans ce système, les directeurs de théâtres subventionnés ne cesseraient pas d'être personnellement intéressés. Ils le seraient seulement à un degré moindre que ceux des théâtres non subventionnés.

L'emploi des subventions devrait être affecté : 1° à l'achat des décors, qui restent la propriété des villes ; 2° aux frais de mise en scène et de costumes ; 3° à assurer le paiement des traitements de tous les employés du théâtre, lesquels sont toujours à la nomination exclusive du directeur, et à ceux des acteurs au-dessous de 3,000 fr.

Une commission de surveillance assisterait le directeur, comme pour les théâtres non subventionnés. Mais ici la tâche devient plus sérieuse ; ce ne sont plus seulement les intérêts de l'art et de la morale qu'il faut sauvegarder, mais encore le bon emploi des fonds qu'il faut vérifier. La composition de cette commission pourrait être faite à peu près comme suit : un délégué du préfet, un délégué de l'autorité judiciaire, le maire ou l'adjoint délégué pour les beaux-arts, le receveur de la ville, trois conseillers municipaux, trois artistes, à savoir : un architecte, un peintre, un musicien; trois hommes de lettres. Le directeur assisterait aux réunions ; les acteurs pourraient y être appelés.

Un troisième mode d'administration pourrait être créé : ce serait celui de directeur à traitement fixe, et véritable employé de la municipalité. Mais, pour des exploitations financières importantes, il n'est pas mal, s'il n'est pas indispensable, que le directeur soit personnellement intéressé ; aussi préférons-nous bien le système plus haut indiqué.

Cette organisation permettrait à l'autorité de disposer du personnel des théâtres ainsi subventionnés. Ainsi, la capitale ferait connaître ses plus célèbres acteurs à la province, et les chefs-lieux de celle-ci enverraient aussi les siens en tournée dans les chefs-lieux d'arrondissements, de cantons.

Voilà pour les intérêts présents de l'art. Mais les intérêts à venir demandent plus. Ici il faut faire surgir les talents ; et, une fois trouvés, il faut les développer, c'est-à-dire leur donner des moyens d'éducation gratuite, et non-seulement d'éducation, mais d'entretien gratuit. C'est en créant des Conservatoires de déclamation, de chant et de danse, dans un certain nombre de grandes villes, qu'on y parviendra.

Les professeurs devraient être les acteurs mêmes des théâtres subventionnés ; ils recevraient des indemnités spéciales pour ce travail. Un directeur et des répétiteurs les aideraient.

Ces écoles étant destinées à former des acteurs pour toute la France devraient être entretenues aux frais de l'État.

« Les villes fourmillent de ces enfants pourvus d'heureuses dispositions, et que les parents enverraient aux leçons du Conservatoire, dans l'espoir de les voir bientôt appointés à mille écus dans une salle de spectacle. Cette institution, si elle était convenablement organisée, fournirait sous peu une foule d'acteurs distingués ; ils deviendraient aussi abondants

que le sont aujourd'hui les bateleurs sans instruction, enrôlés par l'effet du hasard, et qui forcent les amateurs éclairés à déserter la scène ainsi dégradée. Elle n'atteindra au lustre dont elle est susceptible, que lorsqu'on pourra la composer en entier de sujets régulièment instruits, et dont la manière sera motivée sur les principes de l'école qui les aura formés.

» Alors la tyrannie de la mode cessera de bouleverser l'art ; on ne verra plus un comédien abuser de la faveur, pour ériger ses caprices en règles. Les traditions d'écoles opposées seront un moyen d'utiliser chaque nuance de talent, et de mettre un frein aux innovations déréglées que l'artiste prend pour des traits de génie. Alors les spectacles seront au degré de perfection où ils doivent opérer un changement avantageux dans les mœurs, et une tendance générale à l'étude des arts. L'abondance des bons acteurs, le taux modéré de leurs services, assureront la prospérité des bons théâtres, exciteront les auteurs à s'adonner à la composition des bonnes pièces, qui deviendront aussi lucratives qu'elles sont ingrates aujourd'hui. L'état du comédien acquerra le lustre qui s'attache aux vrais talents et aux réunions qui les étalent. » (1)

(1) *La Gironde*, revue 1854. *Décentralisation des Théâtres.*

. FIN.

TABLE DES MATIÈRES

Pages.

Introduction.   5
ANCIENS THÉATRES. 10
  Théâtre de la rue Montméjean. 10
    Id.   de la rue du Chai–des–Farines. 10
    Id.   de la Mairie. 10
  Salle des Concerts, fossés de l'Intendance. . . . 11
  Théâtre–des–Variétés, près la Porte–Dijeaux. . . . 11
    Id.   de l'Ambigu-Comique. 12
    Id.   Molière, rue du Mirail. 12
    Id.   de la Montagne, ou Théâtre-Mayeur. . . 12
    Id.   de l'Union, allées de Tourny. 12
    Id.   de la Gaîté, allées de Tourny. 12
    Id.   de la banlieue. 13
  Comédie bourgeoise et salle de l'Athénée. 13
THÉATRE ÉRIGÉ PAR LOUIS. 22
  Choix de l'emplacement. 22
  Construction. 30
  Question de propriété. 54
  Description. 59
  Restauration. 73
  Gestion artistique et administrative. 82
QUELQUES VUES DE RÉFORME THÉATRALE. 103

Bordeaux.— Imp. de J. DELMAS, rue Ste-Catherine, 139.

www.ingramcontent.com/pod-product-compliance
Lightning Source LLC
Chambersburg PA
CBHW051733090426
42738CB00010B/2238